Les sœurs Eden
et la marque du dragon

Du même auteur, aux éditions Tourbillon :

Les sœurs Eden et le maître des loups

Titre original : *Out of the wood*

Conforme à la loi n° 49.956 du 16 juillet 1949
sur les publications destinées à la jeunesse.

ISBN : 978-2-84801-523-1
Dépôt légal : février 2010
Imprimé en Espagne

221, bd Raspail, 75014 Paris, France

Retrouvez le catalogue Tourbillon sur :
www.editions-tourbillon.fr

Lyn Gardner

Les sœurs Eden et la marque du dragon

Traduit de l'anglais par Marie-José Lamorlette

Illustrations de Julia Wauters

Tourbillon

Prologue

La petite flûte gisait au fond de la mer, presque engloutie. Elle se trouvait là depuis près d'un an et peu à peu, jour après jour, millimètre par millimètre, le sable la recouvrait. Bientôt, elle disparaîtrait complètement, pour l'éternité. Mais on pouvait encore en apercevoir le bout, tel un petit éclat de magie dans le sable. Et si quiconque avait pu le voir, hormis un banc de poissons irisés, il aurait remarqué qu'il brillait et vibrait comme si la flûte essayait de parler ou de chanter.

Au-dessus, à la surface, un petit bateau de pêche se dirigeait en dansant sur les flots vers le port de la ville du Joueur de Flûte. Les vagues qui caressaient la frêle embarcation semblaient heureuses de le retrouver. Le bateau avait quitté le port presque une année plus tôt et les pêcheurs étaient impatients de rentrer chez eux. Le capitaine, un homme aimable à la peau salée et tannée par quarante ans de navigation, mettait le cap sur leur port d'attache. Ce faisant, il entendit dans sa tête la plus belle des mélodies et fut submergé par le désir soudain et inexplicable de faire une dernière prise avant d'atteindre la terre ferme. « Pourquoi pas ? » se dit-il. Les pêcheurs seraient heureux de retrouver les leurs avec un panier de poisson si frais qu'il aurait le goût des vagues.

Au fond de la mer, la flûte vibra et sa musique devint plus forte et plus insistante.

– Jetez les filets ! ordonna le capitaine.

Ses hommes furent surpris de cet ordre inattendu, si près de la côte. Un mince et beau jeune homme aux yeux émeraude et au visage constellé de taches de rousseur accourut pour lui obéir.

Prologue

– Ça va, Kit ? demanda le capitaine en observant le garçon qui jetait le filet d'un mouvement gracieux.

Kit hocha la tête et sourit largement, ses yeux verts pétillant comme si la mer les habitait.

– Tu seras bientôt rentré et tu pourras emporter un poisson chez toi. Notre plus belle prise sera à toi, je te le promets. Tu as travaillé dur et tu le mérites, dit le capitaine.

Kit soupesa les mots « chez toi » tandis qu'il laissait glisser avec soin le reste du filet. Il n'avait pas de maison à lui. Il se pensait orphelin et, s'il avait connu ses parents un jour, il ne s'en souvenait pas. Le chalutier bringuebalant sur lequel il avait passé l'année était pour lui ce qui se rapprochait le plus d'un foyer, même s'il savait qu'il serait toujours le bienvenu au manoir Eden. Kit sourit en songeant à la fougueuse et rousse Alice Eden et à sa petite sœur Nico, potelée et aux yeux noirs comme des cassis. Puis son cœur devint aussi chaud qu'un toast beurré quand il pensa à Aurore, leur grande sœur. Aurore était la jeune fille la plus belle du monde et, après un an en mer, Kit était plus amoureux d'elle que jamais. Il souhaitait l'épouser, mais comme il ne possédait rien à part les habits qu'il avait sur le dos, il ne pourrait jamais le lui demander. En revanche, il pouvait apporter un poisson aux trois sœurs. Elles en seraient ravies, car elles vivaient chichement. Kit sourit en achevant de déployer le filet – il ferait une belle surprise à ses amies en arrivant chez elles à l'improviste avec le plus gros poisson qu'elles aient jamais vu.

Dans les profondeurs de la mer, les petits poissons nageaient de-ci de-là, leurs minuscules nageoires luisant dans la pénombre. Ils ne remarquèrent pas la vieille flûte qui brillait toujours plus fort dans le sable comme si elle était vivante et voulait être vue. Les poissons lumineux se glissaient dans les algues et en sortaient telles de petites flèches d'argent. Soudain, une ombre noire s'étendit au-dessus d'eux et ils se dispersèrent, paniqués, tandis qu'un poisson monstrueux apparaissait, son énorme gueule grande ouverte. Il était aussi laid qu'une gargouille et presque tout en tête, sa tête tout en gueule et sa gueule tout en dents. Ce glouton se mouvait nonchalamment au fond de la mer en avalant tous les petits poissons sur son passage, à la façon d'un aspirateur vivant. Très occupé à se remplir la panse, il ne remarqua pas le filet qui s'approchait de lui en raclant le sable. Il engloutit encore quelque menu fretin et fit claquer ses lèvres, puis aperçut une lueur et sentit une vibration. Pensant que cela pouvait être un poisson particulièrement succulent, il ouvrit la gueule et n'en fit qu'une bouchée. La flûte glissa dans son gosier au moment où le filet se refermait sur lui et il fut tiré à la surface dans un méli-mélo de nageoires qui se débattaient.

Les pêcheurs hissèrent le filet dans le petit bateau. Au milieu de poissons plus petits, ils découvrirent l'énorme et monstrueux animal.

– Et voilà, Kit ! dit le capitaine en riant. Tu as de la chance ! J'ai rarement vu un tel mastodonte. C'est une vilaine brute, mais il sera délicieux cuit au four avec du romarin et du jus de citron. Il est à toi.

1

Alice va dans les bois

Alice Eden parlait à sa maman, même si Léa était morte depuis bientôt deux ans. Ses cheveux roux et bouclés tombaient sur son visage tandis qu'elle s'agenouillait devant la tombe maternelle. Elle écarta la neige pour dégager l'herbe verte et posa un bouquet de perce-neige sur le petit monticule.

– Je t'aime, chuchota-t-elle en enlaçant le petit bouleau argenté qui se dressait sur la tombe comme s'il s'agissait de Léa elle-même.

Les yeux verts d'Alice s'emplirent de larmes à l'idée que sa belle, négligente et paresseuse maman au sourire aussi chaud qu'un rayon de soleil gisait toute seule dans la terre froide.

– Je t'aime et tu me manques, ajouta-t-elle en serrant l'arbre gracile qui avait poussé du jour au lendemain sur la tombe après l'enterrement de Léa.

Léa Eden avait été la plus inattentive des mères et avait semblé à peine remarquer sa fille cadette. C'était seulement après sa mort qu'Alice avait découvert combien sa maman l'aimait, et cela avait rendu son deuil encore plus difficile à supporter. Elle avait pris l'habitude de venir sur sa tombe chaque jour, s'allongeant par terre bras et jambes écartés, et parlant à sa mère comme si elle était là. Parfois, quand le temps s'y prêtait, elle apportait un pique-nique – des sandwichs au fromage et au cresson, deux ou trois succulentes madeleines, la spécialité de sa sœur aînée, Aurore – et elle le mangeait en bavardant et racontant à Léa ce qui se passait au manoir Eden. Elle lui disait combien de fois Aurore avait rangé le placard à linge dans la semaine, commentait ses nouvelles recettes de pudding tremblotant et de gâteau à pouffer de rire, et racontait à quel point Nico grandissait vite. Ces monologues l'aidaient à se sentir moins seule. Bien sûr, ses sœurs l'aimaient tendrement, elles l'adoraient, même. Mais Aurore était toujours très occupée et Nico, le bébé de la famille, avait des privilèges spéciaux, un peu agaçants. Alors Alice avait quelquefois l'impression d'être la sœur coincée au milieu, à qui personne ne faisait vraiment attention parce qu'elle pouvait se débrouiller seule. Même Nanette, qu'Alice considérait comme sa marraine et sa « bonne fée », avait mystérieusement cessé de lui rendre visite ces dernières semaines, et la petite fille se sentait plus esseulée que jamais.

Quand il y avait assez d'argent au manoir pour acheter les ingrédients et qu'Aurore faisait des truffes au chocolat, Alice prenait quelques-unes de ces bouchées que sa mère aimait tant et les laissait sous le bouleau. Le lendemain, les friandises n'étaient plus là. La fillette avait beau deviner qu'elles avaient été mangées par des animaux sauvages, elle souriait à la pensée de sa mère se relevant dans la nuit pour grignoter le chocolat de ses parfaites dents blanches.

– Bon, dit Alice en écartant ses boucles folles et en se remettant sur ses pieds.

Sa jupe était déchirée en plusieurs endroits, à cause de son habitude de grimper aux arbres.

– Je dois y aller, maman. Je veux vérifier qu'Aurore va bien. Elle se fait tellement de souci à propos de l'argent... J'ai peur qu'elle se rende malade.

Elle traversa le parc en courant. De temps à autre, elle mettait la main dans sa poche pour lancer devant elle des pétards qui dansaient et scintillaient en produisant des étincelles rouges et vertes.

Quelques minutes plus tard, elle entra en trombe dans la cuisine du manoir Eden et trouva Aurore assise à la table, en train de pleurer. Sa sœur était entourée d'un grand nombre d'enveloppes beige et de bouts de papier sur lesquels les mots *Dernier avertissement* étaient écrits à l'encre rouge, d'une main furieuse. L'exquis visage ovale d'Aurore était d'un rose charmant et ses larmes coulaient dans la fossette de son menton.

– Qu'y a-t-il, Aurore ? s'écria Alice en serrant sa sœur dans ses bras et en déposant une trace de boue sur sa joue pâle, lisse comme de la porcelaine.

– Elle essaie de joindre les deux bouts, expliqua Nico, leur petite sœur. Mais les bouts ne cessent de s'éloigner. C'est très désagréable de leur part.

– Vous avez vérifié s'il n'y a pas d'argent derrière le canapé ? demanda Alice.

– Bien sûr, répondit Nico en haussant les épaules. Elle plissa son petit nez rond.

– Tout ce qu'on a trouvé, c'est des moutons, deux épingles à cheveux et un bonbon à la menthe à moitié sucé. Il était encore très parfumé.

– Tu ne l'as pas mangé, Nico ? s'exclama Aurore, qui s'arrêta de pleurer et parut choquée. C'est dégoûtant et extrêmement contraire à l'hygiène.

– J'ai enlevé la poussière d'abord, se défendit Nico. Il était encore un peu duveteux, mais je suppose que les moutons comptent comme des protéines.

Aurore se remit à sangloter.

– Tu vois, Alice, cette pauvre petite est affamée ! Si seulement papa pouvait trouver le légendaire dragon à miel à quatre langues et deux têtes, et renflouer la famille avant que Nico meure de faim !

Alice considéra sa délicieuse petite sœur. Le bébé, très potelé, remplissait bien la robe qu'Aurore lui avait cousue dans une vieille nappe damassée.

– Aurore, je ne pense pas que Nico risque de mourir de faim.

Elle enlaça de nouveau sa sœur aînée, déposant cette fois de la boue sur le tablier immaculé mais très reprisé d'Aurore.

– Je vais parler à papa.

Alice courut au bureau de son père. Sur la porte était affichée une note jaunissante indiquant en grosses lettres :

NE VOUS AVISEZ PAS D'ENTRER
(sauf en cas d'extrême urgence, pour signaler de l'argent tombé du ciel ou des incidents exigeant l'intervention immédiate et simultanée des pompiers et d'une ambulance)

Alice ignora l'avertissement et entra d'un pas décidé. Comme il fallait s'y attendre, son père était plongé dans ses cartes. Le capitaine Roger Eden était un célèbre et fringant explorateur, mais il négligeait sa famille et ne gagnait jamais d'argent. Il était trop occupé à planifier des expéditions et à partir à la recherche du légendaire dragon à miel à quatre langues, trois pattes et deux têtes. Cette créature réputée mesurer au moins cent mètres de long avait, disait-on, le meilleur caractère de toute la famille des lézards. Toutefois, à ce jour, le dragon à miel était resté obstinément fuyant et les trois sœurs s'étaient habituées aux longues absences de leur père, ainsi qu'au manque d'argent.

Roger Eden releva les yeux sur sa fille cadette et reconnut son expression déterminée. L'air fautif, il lui décocha son grand sourire, celui qui pouvait charmer un essaim de guêpes en colère ou un troupeau de rhinocéros blancs en train de charger, mais restait sans effet sur Alice.

– Ne me gronde pas, Alice, dit-il d'un ton las. Quand tu me réprimandes, j'ai l'impression d'avoir huit ans trois quarts et je ne le supporte pas.

Il se tut et ses cheveux retombèrent sur son front, lui donnant l'air d'un petit garçon.

– Nous n'avons de nouveau plus d'argent.

– Vous avez regardé derrière le canapé ?

Alice hocha la tête.

– Et dans le pot à épices ébréché, sur l'étagère de la cuisine ? demanda le capitaine Eden avec une pointe de désespoir.

Alice acquiesça encore.

– Ah ! Bon, il va falloir mettre en gage la Chère Théière familiale.

– On l'a déjà fait. L'an dernier. Papa, tu dois gagner de l'argent.

Roger Eden passa une main dans ses cheveux.

– Laisse-moi du temps, Alice. Je pense vraiment que je suis sur les traces du dragon à miel. Je ne lui marche pas encore sur la queue – ce qui d'ailleurs le mettrait de très mauvaise humeur –, mais j'en suis près, très près. Une expédition de plus, et je suis sûr de le trouver.

Alice avait déjà entendu cette histoire, et même si elle ne se souciait pas personnellement du manque d'argent, elle s'en souciait beaucoup pour Aurore. Elle soupira. Elle voyait la lueur argentée familière briller dans les beaux yeux de son père et devinait qu'il ne servirait à rien de lui suggérer de faire un métier raisonnable, par exemple laveur de vitres ou dentiste. En outre, elle éprouvait malgré tout une certaine admiration pour lui, car elle pensait qu'un explorateur menait une vie très excitante et très romanesque.

– Laisse-moi juste un peu de temps, Alice, insista-t-il. Une expédition de plus, s'il te plaît. Si j'échoue, je promets de renoncer à ma quête et de me former sans délai au métier de comptable.

Alice sourit largement. Comme elle, le capitaine Eden était aussi doué qu'une méduse pour le calcul.

– D'accord. Marché conclu. Mais ne pars pas sans nous dire au revoir et sans nous laisser d'argent, comme la dernière fois.

De nouveau, son père prit un air coupable.

– C'est que... je sais que vous êtes tellement débrouillardes et que vous veillerez toujours les unes sur les autres, se défendit-il. En plus, je déteste les adieux.

– Ce n'est pas une excuse pour te défiler et refuser tes responsabilités paternelles, déclara Alice d'un ton sévère. Avec un père comme toi, on a l'impression d'être complètement orphelines, et pas seulement à moitié.

Mais le capitaine Eden s'était de nouveau plongé dans ses cartes.

Le lendemain matin, Alice découvrit, plus furieuse que jamais, que son père et ses cartes avaient disparu. Il n'avait laissé à ses filles qu'une note disant :

Je pars juste chercher le dragon à miel. Je serai peut-être absent quelque temps. J'essaierai de vous envoyer de l'argent, mais je sais que vous vous en sortirez quand même, si je n'y arrive pas. Avec toute mon affection, papa.

P.S. Si les huissiers viennent, ne les laissez pas entrer. Il n'y a aucun objet de valeur à prendre, de toute façon, maintenant que la Chère Théière familiale n'est plus là. Cette théière me manque.

– La théière lui manque, observa Alice d'un ton bougon, mais nous... non.

– On ne peut pas lui manquer, il nous oublie sans arrêt, dit tristement Nico.

– Je vais fouiller son bureau, déclara Alice. Il y a peut-être de l'argent caché quelque part, qu'il aurait oublié.

Elle sortit en courant de la cuisine, fit une glissade sur le parquet ciré du vestibule et s'arrêta quand elle vit quelque chose sur le paillasson. Elle ramassa un prospectus jaune vif sur lequel était écrit à l'encre rouge :

Approchez ! Approchez !
La fête foraine la plus fantastique du monde !
Des attractions excitantes pour toute la famille !
Tarifs spéciaux et barbe à papa gratuite
pour les enfants non accompagnés,
les orphelins et les presque orphelins,
ainsi que pour les personnes d'une beauté
EXCEPTIONNELLE.

Le cœur d'Alice s'emballa. Une fête foraine ! Quelle joie ! Elle voulait y aller tout de suite avec ses sœurs ! Puis elle se rappela qu'elles n'avaient pas d'argent. En ronchonnant, elle pénétra dans le bureau de son père et se mit à fouiller la pièce. Ce n'était pas une mince affaire, car le capitaine Eden était la personne la plus désordonnée au monde après elle-même. Ne trouvant rien, elle s'assit, dépitée. Soudain, une image de la petite flûte magique que sa mère lui avait donnée surgit dans sa tête. Celui qui la possédait pouvait dompter son énorme pouvoir pour faire ce qu'il voulait, même contrôler les étoiles dans l'univers. Alice restait la propriétaire de la flûte, mais elle avait été si terrifiée par son pouvoir de corruption et par les efforts du diabolique docteur Sauvage pour se l'approprier qu'elle l'avait jetée dans la mer. En cet instant, elle regretta son geste. Si elle l'avait encore aujourd'hui, elle soufflerait dedans et ferait apparaître un coffre de pièces d'or. Mais c'était impossible, la flûte était hors d'atteinte au fond de l'eau, et Alice savait qu'elle avait bien fait de s'en débarrasser. Ce puissant objet magique avait provoqué une foule de morts et réduit plein de gens en esclavage ; il n'avait apporté que des ennuis.

Bredouille, Alice s'apprêtait à sortir du bureau quand elle aperçut un œuf de dragon poussiéreux et craquelé posé derrière de vieilles cartes sur une étagère. Elle prit l'œuf avec soin et l'ouvrit doucement. À l'intérieur se trouvaient cinq pièces en argent, une mèche de cheveux soyeuse et une petite photo. Alice reconnut aussitôt la mèche, qui avait appartenu à sa mère Léa. La photo représentait ses parents, l'air radieux. Elle la tourna. Au dos, son père avait griffonné : *Roger et Léa. Pour toujours et à jamais*. La gorge d'Alice se serra. Battant des cils pour contenir ses larmes, elle remit soigneusement la photo et les cheveux dans l'œuf. Puis elle retourna en courant à la cuisine et jeta les pièces sur la table d'un geste de triomphe. Aurore sourit.

– Oh, Alice ! Tu es merveilleuse ! C'est magique ! Je vais régler quelques-unes de ces factures, payer Betty à la poste et acheter de la farine et du beurre. Je vais tout de suite au village faire des provisions, et nous pourrons avoir un repas de fête. Vous venez avec moi, les filles ?

– Oui, répondit Nico, qui espérait se faire offrir un sorbet au citron.

– Non, merci, dit poliment Alice.

Aurore plissa les paupières.

– Tu ne songes pas à aller dans les bois toute seule, j'espère, Alice Eden ?

– Sûrement pas, affirma Alice en souriant avec candeur.

Mais dès que ses sœurs eurent disparu au bout de l'allée, elle prit ses patins à glace et sortit de la maison. Elle claqua la porte derrière elle, si fort qu'une cheminée tomba du toit et s'écrasa par terre, la manquant de peu. Tandis qu'elle traversait le parc en direction de la rivière gelée, elle tira de sa poche le prospectus de la fête foraine. Peu après, elle arriva au bord de l'eau.

– Bien, murmura-t-elle en mettant ses patins et en regardant le ruban de glace qui s'enfonçait dans la forêt.

Les branches des arbres semblaient l'appeler.

– Tout le monde sait que les règles sont faites pour être transgressées, dit-elle encore. Et ce qu'Aurore ignore ne pourra pas lui causer de souci supplémentaire.

Cœurs brisés et miroirs magiques

Peu après, Alice, tout excitée, sautait sur la rive de la rivière gelée, à la lisière de la ville du Joueur de Flûte. Elle portait ses patins autour du cou et ses chaussettes étaient trempées, mais ça lui était égal. Devant elle, roulottes, chapiteaux et auvents rayés déployaient une myriade de couleurs sous le pâle soleil d'hiver. Une grande roue silencieuse la dominait de sa hauteur, tandis que, sur sa droite, un train fantôme dressait sa façade épouvantable ornée de squelettes et de vampires hilares. Non loin, le toboggan s'élevait du sol tel un énorme sucre d'orge tordu. Absorbée, Alice ne remarqua pas le petit lièvre argenté qui l'observait intensément, tandis qu'elle examinait une affiche brillamment colorée annonçant :

La célèbre fête foraine de monsieur Prométhée
Un festival d'avaleurs de feu,
de prouesses fantastiques,
de bêtes terrifiantes
et de spectacles fabuleux, avec :
la Grosse Bertha, la femme la plus forte du monde,
le tour de corde indienne de monsieur Patel,
madame Agnetta, la diseuse de bonne aventure,
et le terrible Zeus, le lion mangeur d'hommes.

Les yeux d'Alice s'agrandissaient au fur et à mesure qu'elle lisait l'affiche, et elle ne vit pas non plus la femme perchée en haut du toboggan, qui scrutait la foire à travers un petit télescope. En revanche, celle-ci posa son regard sur la fillette.

– Les enfants ! marmonna-t-elle en étudiant Alice avec attention. Quelles vilaines petites choses ! Je n'en ai jamais rencontré un seul qui soit plaisant.

La femme était encore jeune, mais elle avait un corps noueux et le visage flétri ; elle était pâle comme la neige et ses yeux, d'un bleu glacé, étaient aussi ternes qu'une nappe lavée trop souvent.

Une petite toux se fit entendre dans son dos et elle se tourna. Un homme si long et si grêle qu'il semblait sortir d'une essoreuse à rouleaux s'inclina au point que son nez effleura presque le sol.

– Madame Belladonna, dit-il d'une voix huileuse. Pardonnez-moi de vous déranger, mais vos loups ont besoin d'être nourris et ce lion peureux, Zeus, me donne du fil à retordre. Chaque fois que je m'approche de lui, il se terre dans sa cage, les pattes sur les yeux. Il est moins terrifiant qu'un agneau nouveau-né. Le public va exiger d'être remboursé... Une fois de plus.

– Fouettez-le ! Si ce lion ne veut pas jouer son rôle, je le hacherai menu et je le servirai aux loups, répliqua doucement Belladonna. J'ignore comment Prométhée faisait pour le supporter. Qui a jamais entendu parler d'un lion végétarien ? C'est contre nature ! Votre frère avait le cœur trop tendre, Hermès. Et à quoi vous conduit un cœur trop tendre, Hermès ?

L'homme se tortilla, mal à l'aise, et s'inclina une nouvelle fois.

– À la mort. Avec un boulon vissé dans le crâne. Puis à être exposé dans le train fantôme, madame.

Belladonna afficha un sourire malveillant.

– Oui, n'oubliez jamais cela ! Pauvre Prométhée, il n'aurait pas dû s'opposer à ce que je reprenne sa pathétique petite foire ou refuser de me remettre le miroir de Dorian. Heureusement pour vous, Hermès, vous êtes beaucoup plus raisonnable que votre frère. Néanmoins, il est assez splendide dans le train fantôme ! J'ai entendu plusieurs clients dire combien il paraît réel. S'ils savaient !

Elle rit, puis se mit à tousser et pressa la main sur son cœur comme s'il la faisait souffrir. Soudain, son corps se courba et se tordit tel un vieil arbre déformé, et des crevasses apparurent sur son visage, comme sous l'effet d'un glissement de terrain. Elle tendit la main avec impatience.

– Donnez-moi le miroir de Dorian, Hermès.

L'homme ouvrit avec soin un écrin de velours noir et en sortit un petit miroir aux bords nimbés de fumée bleue. Belladonna le lui arracha avidement et marmonna une incantation. La surface de l'objet bouillonna et émit de la vapeur comme un chaudron posé sur un feu, et ses profondeurs enfumées devinrent vertes, violettes et couleur d'aigue-marine. Quand il s'éclaircit de nouveau, le dos de Belladonna se redressa visiblement et son visage rajeunit de plusieurs dizaines d'années. Elle leva la glace devant elle et la fixa intensément. Hermès regarda par-dessus son épaule et frémit. La femme qui apparaissait dans le miroir et celle qui le tenait étaient manifestement une seule et même personne. Pourtant, alors que la Belladonna qui se contemplait était grande, forte et belle, avec la peau claire et des yeux bleus brillants, celle du reflet était flétrie, ridée et répugnante, et ses yeux étaient aussi cruels que ceux d'un vautour.

– Madame, si je puis me permettre, est dans une forme exceptionnelle aujourd'hui, déclara Hermès d'une voix sirupeuse.

– Pas assez à mon goût, Hermès, répondit Belladonna d'un ton sifflant. Quelle malédiction que les sœurs sorcières partagent un seul cœur ! Depuis que ma sœur Bonnie s'est laissé tuer, cette idiote, ma moitié se ratatine. Avant longtemps, elle ne sera rien d'autre qu'un petit morceau de plomb. Si je n'avais pas connu l'existence du miroir de Dorian et de ses pouvoirs rajeunissants, je serais morte depuis belle lurette.

– Il faut se réjouir des petits bienfaits, murmura Hermès, doucereux.

– Je ne me réjouis de rien, coupa Belladonna. Le miroir ne fait que tenir la mort à distance. Il faudra que je sois au summum de mes pouvoirs quand la flûte réapparaîtra. Avez-vous du nouveau à son sujet ?

Hermès prit un air effrayé.

– Je fais de mon mieux, madame. J'ai mené des enquêtes approfondies. Après la mort du docteur Sauvage, la fille – cette Alice Eden – a jeté l'instrument magique dans la mer. On n'en a plus entendu parler depuis.

– La flûte retrouve toujours son propriétaire. Elle lui reviendra. Peut-être est-ce déjà fait. Je dois m'introduire au manoir Eden dès que possible. Avez-vous rédigé et livré le prospectus pour la fête foraine ?

– Oui, répondit Hermès. Cette maison est affreusement délabrée. Les enfants sont presque orphelines. Leur mère est morte et j'ai vu leur père partir pour une de ses expéditions – j'ai dû me cacher pour éviter qu'il me surprenne.

Belladonna sentit son cœur ratatiné tressaillir d'excitation.

– Ainsi, les filles sont seules ?

– Complètement seules.

La sorcière prit un air pensif.

– Pauvres petites choses privées de leur maman, dit-elle, suave.

Hermès parut surpris.

– Je croyais que madame avait une totale aversion pour les enfants.

– Quel homme stupide vous êtes, Hermès ! Bien sûr que je déteste les enfants. Sauf quand on me les sert sur un toast avec un peu de poivre moulu. Mais je devrai feindre d'adorer les sœurs Eden si je veux entrer au manoir et trouver la flûte.

– Comment ferez-vous ?

– C'est très simple. Je serai leur nouvelle belle-mère.

Hermès en resta bouche bée.

– Vous allez épouser le capitaine Eden ? Et s'il ne veut pas se marier avec vous ?

Une ombre d'irritation passa sur le visage pâle de Belladonna, qui recommençait peu à peu à se flétrir.

– Je ne lui laisserai pas le choix.

– Mais... et les enfants ? Comment gagnerez-vous leur confiance ?

Belladonna eut un méchant sourire.

– C'est la partie la plus facile. Le prospectus que vous avez déposé au manoir Eden va les attirer à nous ; quand elles seront ici, nous leur ferons passer un moment terrifiant et épuisant, à leur faire dresser les cheveux sur la tête. Et lorsque je me présenterai comme leur délicieuse nouvelle belle-mère, ces petites, pétrifiées, seront prêtes à tomber dans mes bras maternels et réconfortants. Elles ne pourront pas savoir qu'en réalité je suis une sorcière et que je n'aime les enfants qu'en pâtés, ou râpés comme du parmesan sur des spaghettis à la bolognaise.

– Madame est tellement intelligente ! s'extasia Hermès. Mais êtes-vous sûre qu'elles viendront ?

Belladonna sourit largement, et durant un instant Hermès vit son crâne transparaître sous la peau translucide de son visage.

– Oh, je sais qu'elles viendront, parce que je connais les enfants. Une fête foraine ! Quel enfant résiste à cette tentation ? Sûrement pas Alice Eden. C'est un appât parfait, et j'en profiterai pour m'amuser un peu avec elle. J'ai quelques vieux comptes à régler avec cette gamine. Elle ne cesse de me causer des problèmes. Sans elle, ma sœur serait encore en vie et mon cœur toujours en bon état. Je veux la faire souffrir autant que je souffre.

Elle serra sa poitrine comme si une terrible douleur l'étreignait et son visage prit un air encore plus défait.

– Et elle souffrira, ajouta-t-elle, car non seulement elle me conduira à la flûte, mais je m'approprierai le cœur de sa sœur Aurore.

– Madame, nous devons être prudents, observa Hermès. Il faut être absolument sûrs qu'Aurore Eden est bien la plus belle fille du pays. Le cœur de la deuxième plus jolie fille ne ferait pas du tout l'affaire. On ne peut se permettre la moindre erreur.

– Non, mon cher. *Vous* ne pouvez vous permettre la moindre erreur, rectifia Belladonna. J'espère pour vous que vos renseignements sur la fille sont exacts. Vous ne voudriez pas finir dans le train fantôme, n'est-ce pas, Hermès ? Je crois qu'il reste une place vide à côté de ce pauvre Prométhée.

Hermès blêmit et ses genoux s'entrechoquèrent.

– Ce ne sera pas nécessaire, madame, assura-t-il en s'empressant de changer de sujet. Madame aimerait-elle nourrir ses loups, à présent ? Vos beautés vous attendent et elles sont affamées.

Belladonna sourit.

– Oui, Hermès. Avec plaisir.

3

Rencontre à la fête foraine

La fête foraine n'était pas encore ouverte. Alice se promenait dans les allées silencieuses. Elle était transportée par tout ce qui l'entourait, depuis les stands aux couleurs gaies jusqu'à l'odeur de pommes caramélisées et de pop-corn. Elle mourait d'envie d'amener Aurore et Nico faire un tour dans les autos tamponneuses ou voler sur les balançoires, mais elle savait que c'était impossible. Malgré la découverte des cinq pièces en argent, le budget de la famille Eden ne pourrait leur payer une sortie à la fête foraine, même avec des tarifs spéciaux pour les presque orphelins.

La fillette jeta un dernier regard d'envie à la grande roue et allait partir quand elle entendit des geignements provenant d'une tente voisine. Elle se précipita pour regarder à l'intérieur. Un magnifique lion était attaché par une chaîne à une cage. Un grand homme incroyablement maigre faisait claquer son fouet et essayait de le faire rugir. Mais chaque fois que la lanière cinglait le sol, le fauve se bornait à pousser un gémissement terrifié. L'homme sortit un petit revolver de sa poche et le pointa sur le lion.

– Rugis, maudit animal ! Rugis, ou je te brûle la cervelle ! Si j'arrive à la trouver. Zeus, tu es le lion le plus stupide et le plus froussard que j'aie jamais rencontré. Personne ne paiera pour te voir. J'ai vu des hérissons plus impressionnants que toi.

Une larme coula sur la joue du lion. L'homme orienta le canon du revolver vers le sol et se mit à tirer le plus près possible des pattes du fauve. Zeus glapit de frayeur. Il se mit à sautiller et entama une danse grotesque. De nouvelles larmes roulèrent sur sa face noble et triste. Alice ne put en supporter davantage.

Avec un rugissement bien à elle, elle se rua sur le dompteur et le poussa de toutes ses forces. La surprise aidant, il chancela et tomba. Alice ramassa le fouet et, d'un geste adroit, lui subtilisa le revolver. Elle le braqua sur lui.

– Comment osez-vous ? Seul un lâche peut traiter un animal de cette façon ! J'aurais bien envie de vous faire danser comme le pauvre Zeus, mais je n'ai pas le temps, sinon je risquerais de rentrer en retard pour le déjeuner. Donnez-moi la clé de la chaîne.

L'homme fouilla dans sa poche et jeta la clé à Alice. Pointant toujours le revolver sur lui d'une main, elle ouvrit de l'autre le collier en fer qui encerclait le cou du lion. La pauvre bête était tapie par terre, les pattes sur les yeux.

– Cours, Zeus, cours ! Sauve-toi dans les bois ! lui cria-t-elle. Tu y seras en sécurité. Ne reviens pas. J'irai te retrouver plus tard.

Le lion redressa la tête et une lueur de panique passa dans son regard.

– Je m'occuperai de toi, je te le promets, ajouta gentiment Alice.

Zeus cessa de trembler et s'avança vers elle. Il s'inclina devant elle, étendit les pattes, se pencha en avant et lui lécha le visage de sa langue chaude et râpeuse. Puis il secoua son épaisse crinière et s'éloigna en ronronnant. Il bondit à travers le champ de foire en direction des bois, sous l'œil attentif d'un petit lièvre argenté qui attendit de le voir disparaître pour se faufiler sans être vu sous la tente.

Alice se demanda comment elle présenterait les choses à Aurore quand elle ramènerait Zeus au manoir. Elle garda le revolver pointé sur l'homme à la mine grincheuse et attendit que le lion soit assez loin pour jeter l'arme et marcher vers la sortie.

– Pas si vite, ma fille.

L'homme, qui s'était relevé, attrapa Alice par le bras. Elle cria, gigota et lui mordit la main. Il glapit et lui donna un grand coup de poing dans l'estomac, ce qui la fit tomber à la renverse. Il en profita pour lui attacher les mains dans le dos, au moment précis où Belladonna apparaissait.

– Que se passe-t-il ici ? demanda-t-elle d'une voix dangereusement onctueuse en voyant la cage vide, son serviteur dans tous ses états et la fillette furieuse.

– Madame, se lamenta l'homme, cette petite vaurienne a libéré Zeus !

La colère défigura Belladonna.

– Cela a été très négligent de votre part de la laisser faire, non, Hermès ?

– Oui, madame, gémit-il. Pardonnez-moi, je vous en prie. Cela ne se reproduira pas.

– Je l'espère pour vous, dit la sorcière.

Elle leva un doigt comme pour lancer un sort, mais se ravisa. Ses problèmes de santé avaient, hélas, rendu ses sortilèges peu fiables.

– Lève-toi, ma fille, ordonna-t-elle.

Alice se mit sur pied à contrecœur.

– Comment t'appelles-tu ?

La fillette regarda désespérément autour d'elle. Elle se demanda si elle pouvait s'échapper, mais avec les mains liées dans le dos elle devina qu'elle n'irait pas loin. Elle n'avait d'autre choix que de se montrer docile.

– Alice Eden, marmonna-t-elle.

Le visage de Belladonna se transforma de manière stupéfiante. À la place des nuages d'orage qui l'assombrissaient brillait maintenant le soleil.

– Alice Eden ? Alice Eden du manoir Eden ? La fille du célèbre et fougueux explorateur, le capitaine Roger Eden ? La sœur d'Aurore Eden qui est, dit-on, la plus belle jeune fille du pays, sinon du monde entier ?

– Oui, répondit Alice avec hésitation.

Elle était troublée par le subit changement d'humeur de Belladonna.

– Vous les connaissez ?

– Oh, si seulement j'avais cette chance ! J'admire tellement ton père. Permets-moi de le dire, tel père, telle fille pour ce qui est du courage. Je crains qu'il y ait eu un petit malentendu. Hermès, détachez cette délicieuse et merveilleuse enfant.

Elle jeta un regard noir à son serviteur et maugréa :

– Espèce d'idiot ! Vous auriez pu tout gâcher.

Puis elle se pencha vers Alice et chuchota :

– Mon domestique, Hermès, est bien intentionné mais pas très intelligent.

– Il maltraitait Zeus ! s'écria Alice avec fougue.

– Ah, mon Zeus chéri. Comme j'aime ce lion. Il est si gentil. C'est mon animal de compagnie préféré. Je l'adore et il m'adore.

– Vraiment ? demanda Alice, pas très convaincue.

– Oui, affirma Belladonna. Entre nous, ça a été le coup de foudre et celui qui maltraite mon lion bien-aimé sera sévèrement puni.

De nouveau, elle fusilla du regard Hermès, dont les genoux claquaient comme des castagnettes, et dit à mi-voix, dans un sifflement :

– Imbécile ! Pourquoi ne l'avez-vous pas reconnue ?

Puis, se tournant vers Alice :

– Viens. Allons dans ma roulotte prendre un verre de limonade et manger de la barbe à papa.

– Je ne peux pas, dit Alice. Je serai en retard pour le déjeuner et mes sœurs Aurore et Nico vont s'inquiéter.

– Ah, Aurore ! Nous ne voudrions surtout pas que le souci défigure sa beauté.

Belladonna sortit de derrière son dos trois tickets dorés et ajouta :

– Tiens... avec les compliments de la direction, et en espérant que tu accepteras les excuses d'Hermès pour ce qui s'est passé avec le lion. Ce sont des entrées gratuites à la fête foraine pour vous trois, cet après-midi. Elles vous donnent droit à six attractions et une barbe à papa chacune, et elles vous permettront de passer devant tout le monde.

Ravie, Alice tendit la main. Puis elle hésita. Elle voulait montrer la fête foraine à Aurore et Nico, mais elle n'était pas sûre que cette « madame » soit aussi aimable qu'elle en avait l'air. Néanmoins, la tentation était trop forte. Elle empocha les entrées, remercia et s'en alla.

Belladonna et Hermès la regardèrent partir.

– N'oublie pas d'amener Aurore avec toi ! cria la sorcière derrière elle. Je brûle de la voir.

Un petit sourire satisfait flotta sur ses lèvres.

– Cela n'aurait pu mieux se terminer, se félicita-t-elle. Comme nous allons nous amuser ! Nous les terrifierons, Hermès, et elles se jetteront dans mes bras. Le cœur d'Aurore sera bientôt à moi, et alors je n'aurai plus qu'à attendre qu'Alice récupère la flûte.

Passez-moi mon miroir de Dorian, mon cher. Je vais avoir besoin de toute ma force. La flûte est à ma portée. Je vais proposer une compétition à cette petite et gagner l'instrument. J'utiliserai ensuite son pouvoir pour plier tout le pays à ma volonté. Je réduirai des milliers de gens en esclavage ; je provoquerai des guerres rien que pour m'amuser.

Elle attrapa le miroir d'un geste brusque et se dirigea vers la sortie de la tente.

– Mais si la fille refuse la compétition ? demanda Hermès.

Belladonna se retourna.

– Elle n'aura pas le choix. Le propriétaire de la flûte doit accepter n'importe quel défi ou renoncer à la posséder. Il peut seulement décider de la nature de la compétition. Guettez l'arrivée des sœurs Eden, Hermès. Je serai vite de retour. Je vais juste trouver leur père ; il ne doit pas être bien loin.

Elle eut un sourire mauvais.

– Le bon capitaine ne le sait pas encore, mais il va bientôt avoir une nouvelle femme.

La sorcière disparut dans la fête foraine, ignorant la paire d'yeux argentés qui l'observaient avec attention.

4

Sortie en famille

– Il y a une fête foraine ! Dans la ville du Joueur de Flûte ! Il faut qu'on y aille ! Maintenant ! À la seconde ! cria Alice, essoufflée.

Elle entra en trombe dans la cuisine du manoir Eden, où Aurore et Nico faisaient des crêpes.

Des crêpes fumantes étaient empilées près du poêle ; leur bord inégal ressemblait à de la dentelle brûlée.

– Une fête foraine ? Comment le sais-tu ? demanda Aurore d'un ton coupant.

Elle fit sauter une crêpe et jeta en même temps un regard de travers à la traînée d'eau qu'Alice laissait derrière elle.

– Je l'ai vue, répondit Alice.

Elle fit un petit bond excité dans la flaque, et l'ourlet trempé de sa robe acheva d'inonder le sol.

– Combien de fois devrai-je te répéter, Alice Eden, que tu ne dois pas aller dans les bois toute seule ! la réprimanda Aurore. Tu sais que c'est dangereux. Il y a tout juste vingt minutes, Betty du bureau de poste est passée nous dire que la petite fille de la cousine de sa cousine s'est perdue dans la forêt où elle a été poursuivie par un lion. Elle aurait sûrement été mangée toute crue si un garçon qui conduisait sa vache au marché ne l'avait sauvée de justesse. Ses parents ont dû lui donner leurs derniers haricots pour le remercier.

Alice blêmit. Elle comprenait à présent pourquoi elle n'avait vu aucune trace de Zeus, bien qu'elle l'ait appelé à plusieurs reprises. Elle soupçonnait la fille de la cousine de la cousine de Betty – un détestable petit monstre – d'avoir pourchassé Zeus, et non le contraire.

– Les lions, fit-elle d'un air détaché, peuvent être des bêtes charmantes. J'ai entendu dire qu'ils font de délicieux animaux de compagnie.

– Et moi, j'ai entendu dire que pour les lions, les humains font de savoureux repas, rétorqua Aurore, acerbe. Je te défends d'aller à sa recherche, Alice. Tiens-toi éloignée des bois.

Aurore avait toujours eu peur de l'épaisse forêt qui entourait le manoir Eden, et sa peur s'était changée en terreur quand ses sœurs et elle avaient été poursuivies entre les arbres par les loups du diabolique docteur Sauvage. Elles leur avaient échappé, mais de justesse. Et, bien qu'on n'ait pas revu les loups depuis des mois, Aurore interdisait toujours à ses sœurs de s'aventurer seules au-delà des murs de la propriété. Un ordre qu'Alice oubliait volontiers la plupart du temps.

– Je ne suis pas allée dans les bois, s'indigna cette dernière en secouant ses boucles rousses. J'ai patiné sur la rivière, au milieu. Il fait si froid qu'elle est complètement gelée.

– Ce n'est pas moins dangereux, déclara Aurore, butée.

– Si ! intervint Nico. Les loups ne peuvent pas patiner. Ils ne trouveraient pas assez de patins pour toutes leurs pattes.

Les yeux brillants, elle ajouta :

– Je veux patiner sur la rivière et aller à la fête foraine.

Elle serra son ours en peluche dans ses bras.

– L'ours Ted n'a jamais vu de fête foraine, et moi non plus. Nous sommes privés, affirma-t-elle d'un air offensé.

– Tu n'es pas privée, répondit Aurore en riant. Tu es pourrie gâtée.

– C'est parce que je suis une enfant prodige, répliqua Nico, ce qui était la vérité.

Elle savait parler depuis sa naissance. Et même si elle n'avait pas encore deux ans et était aussi flemmarde qu'un paresseux, résistant à toutes les tentatives d'Aurore pour l'éduquer correctement, on la trouvait souvent en train de lire le dictionnaire ou de gros livres intitulés *Chirurgie du cerveau pour les gens à peine instruits* ou *Apprendre à parler avec les Esquimaux en moins d'une semaine*.

– Tu as juste une phénoménale grosse tête, dit affectueusement Alice. Allez, Aurore, ne fais pas la rabat-joie. Allons nous amuser, s'il te plaît !

– Tu sais comme moi que nous n'avons pas d'argent pour la fête foraine, déclara Aurore.

D'un geste théâtral, Alice sortit les trois tickets dorés.

– D'où ça vient ? demanda Aurore.

Voyant le visage soupçonneux de sa sœur, Alice décida que ce n'était pas le moment de dire la vérité.

– La propriétaire de la foire les distribuait gratuitement. Elle craignait que les gens ne viennent pas, autrement. C'est pour les attirer : six attractions gratuites par personne et une barbe à papa.

– S'il te plaît, Aurore, s'il te plaît ! supplia Nico. Je n'ai jamais goûté de barbe à papa et c'est sûrement un aliment important qui manque à mon régime, comme le caramel.

Aurore, très sérieuse, consulta une des nombreuses listes qu'elle gardait toujours dans sa poche. Celle-ci s'intitulait : *Liste d'Aurore Eden des choses très importantes à faire aujourd'hui.*

Rappeler à Alice qu'elle ne doit pas aller dans les bois.

Réorganiser le placard à linge.

Laver l'ours Ted pendant que Nico a le dos tourné.

Interroger Alice sur la symétrie rotatoire.

Vérifier qu'Alice n'utilise plus les restes de l'appentis pour fabriquer des feux d'artifice.

~~Essayer d'assortir toutes les chaussettes dépareillées de la maison~~. Tâche impossible.

Vérifier si Alice n'a pas des pétards dans ses poches.

Persuader Nico que les choux de Bruxelles sont aussi délicieux que le chocolat.

Enrichissement personnel. Trouver le temps de lire les mythes grecs.

Cesser de m'inquiéter autant.

– Bien, conclut-elle d'un ton solennel. Je vois dans ma liste que tu dois faire un devoir sur la symétrie rotatoire juste après le déjeuner, Alice, pendant que Nico et moi rangerons le placard à linge.

Alice et Nico grognèrent. Les yeux d'Aurore pétillèrent.

– Mais vu les circonstances, je pense que la symétrie rotatoire et le placard à linge peuvent attendre. Ce n'est pas tous les jours qu'une fête foraine vient dans la ville du Joueur de Flûte. Nous irons après déjeuner. Mais nous prendrons le traîneau : Nico est trop petite pour patiner à l'aller et au retour, le trajet est beaucoup trop long. Et tu devras t'habiller chaudement, Nico. Il faudra que tu mettes ta cape rouge, celle que j'ai coupée dans les vieux rideaux de la salle à manger.

Alice et Nico échangèrent un grand sourire, et Alice fit une petite danse de triomphe, répandant de nouvelles éclaboussures autour d'elle.

– Alice, va te changer avant de prendre froid et de salir mon beau sol propre, ordonna Aurore, sévère, en faisant sauter adroitement une crêpe. Le déjeuner est bientôt prêt. Des crêpes fourrées aux champignons et aux brocolis, suivies de mes madeleines spéciales. Ton menu préféré. File avant que je réfléchisse à deux fois à la fête.

– Oui, dépêche-toi, Alice, ou Aurore y réfléchira à trois fois et je serai condamnée à passer l'après-midi dans le placard à linge, marmonna Nico d'un air lugubre.

– On ne dit pas « réfléchir à trois fois », Nico, rétorqua Alice en riant.

– Bien sûr que si ! affirma Nico. Aurore le fait tout le temps.

Un peu plus tard, après un bref détour par la tombe de Léa, les trois sœurs arrivèrent à l'entrée de la fête foraine. Elles écarquillèrent les yeux en découvrant la grande roue qui tournait au-dessus d'elles et se laissèrent envoûter par la musique du manège.

– Madame, elles sont ici ! s'écria Hermès, excité, depuis son perchoir, au sommet du toboggan.

Belladonna lui arracha le télescope des mains et le pointa sur les enfants.

– Tout se met en place comme je l'avais prévu, ronronna-t-elle avec un sourire satisfait. Laissez-moi mieux voir la sœur aînée.

Les articulations de la sorcière craquèrent quand elle ajusta péniblement le viseur sur Aurore. Mais à ce moment-là, le radieux cortège d'un mariage se fraya un chemin parmi la foule, et Aurore se tourna pour le regarder. Les jeunes mariés se contemplaient avec amour. Alice vit l'expression de sa sœur et devina qu'elle pensait elle aussi à Léa et à leur père Roger, qui s'étaient aimés à la folie. Nico n'avait pas connu sa mère, mais elle était également fascinée par les mariés, qui riaient joyeusement.

– Vous croyez que papa se remariera un jour ? demanda-t-elle. J'ai tellement envie d'être demoiselle d'honneur, et j'aimerais avoir une maman. Une jolie maman, comme la mariée.

Elle était si occupée à admirer le cortège qu'elle ne remarqua pas le regard choqué et surpris échangé par ses sœurs.

– Il ne ferait quand même pas une chose pareille, hein ? Il ne se remarierait pas, il aimait trop maman, chuchota farouchement Alice.

Aurore haussa les épaules.

– Ce n'est pas impossible, Alice. Papa n'avait d'yeux que pour Léa, mais on dit que le temps guérit tout.

Et comme tu le sais, il fera toujours ce qui lui chante sans s'occuper de nous. Je le crois capable de se remarier.

– Je ne veux pas d'une nouvelle maman, protesta Alice, les yeux pleins de larmes. Je veux retrouver la mienne.

Aurore mit gentiment la main sur son épaule. Alice regarda le beau visage de sa sœur aînée. Elle y vit de la tristesse, mais aussi l'ombre d'un sourire rêveur. Elle comprit alors avec un choc que le cortège de mariage rappelait à Aurore Kit, le garçon qui avait capturé son cœur l'année précédente.

– Tu te marieras avec Kit, s'il te le demande ?

La jeune fille rougit.

– Je pense que c'est moi qui le lui demanderai, répondit-elle avec légèreté. De toute façon, Kit ne reviendra probablement pas avant des années, et vous serez grandes, à ce moment-là.

– Mais s'il revient plus tôt ? insista Alice.

Aurore étudia son visage crispé par l'inquiétude.

– Je ne vous abandonnerai jamais, Nico et toi, Alice. Tu le sais. Toutes les trois, on est ensemble pour toujours et à jamais, dit-elle gravement. Bon, quelles attractions allons-nous essayer ?

– Choisis d'abord, lui proposa Alice.

Sa sœur était d'un tempérament très anxieux, et Alice s'attendait à ce qu'elle choisisse un manège ennuyeux, comme les tasses à thé tournantes. Mais, à sa vive surprise, Aurore, qui aimait pourtant garder les pieds fermement sur terre, opta pour la grande roue. Elles furent bientôt attachées toutes les trois sur une nacelle qui se balançait, et s'élevèrent très haut au-dessus de la ville. Aurore était un peu pâle et Nico, emmitouflée dans sa cape de velours rouge, serrait l'ours Ted dans ses bras et lui faisait agiter la patte en direction de la foule. Au nord, elles apercevaient les montagnes et le Pic du Joueur de Flûte, où le docteur Sauvage avait jadis réduit en esclavage des milliers de gens à l'aide de l'instrument magique. Le regard d'Alice se posa ensuite sur la ville et l'endroit où ses sœurs et elle avaient été emprisonnées par la sorcière Bonnie Bonbon. Celle-ci était morte dans l'incendie qui avait détruit la Maison de Pain d'épice, et beaucoup de gens pensaient que le docteur Sauvage y était mort aussi. Alice l'espérait, en tout cas. Elle frissonna au souvenir du beau visage du docteur, balafré d'une cicatrice, et de ses yeux froids, qui la transperçaient comme s'il essayait de voir en elle.

La roue continua sa lente rotation et Alice aperçut la mer, au loin, où elle avait jeté la flûte pour se débarrasser de son terrible pouvoir. Puis, lentement, les trois sœurs descendirent et sortirent de leur nacelle, ignorant qu'elles étaient observées de près par Belladonna et Hermès.

– Je ne m'étais pas autant amusée depuis qu'Alice m'a montré comment sauter du toit de l'aile est, à la maison, déclara Nico, les yeux brillants.

– Elle n'a pas fait ça ! Alice, tu es irresponsable, s'écria Aurore en pâlissant.

– C'était juste pour te faire marcher, Aurore, s'empressa d'ajouter Nico.

Elle fit un clin d'œil à Alice, qui éclata de rire.

5

Une terrible perte

Les enfants firent un tour de manège, un autre d'autos tamponneuses et un de montagnes russes (Aurore prétendit que les secousses lui donnaient mal au cœur), puis elles entrèrent dans la Salle des Miroirs déformants.

– Regardez-moi, regardez-moi ! cria Nico.

Alice et Aurore éclatèrent de rire. Leur petite sœur était gonflée comme un ballon prêt à éclater.

Nico se précipita vers le miroir suivant et se retrouva changée en poisson humain. Alice passa en flèche devant une série de miroirs qui lui donnaient l'air d'une girafe tout en jambes. Les trois sœurs coururent d'un miroir à l'autre, s'appelant à grands cris et s'esclaffant devant leur reflet bizarrement allongé ou compressé, avec des membres curieusement disposés. Pendant qu'Alice et Nico se rendaient presque malades de rire devant la transformation d'Alice en monstre à six têtes, Aurore contourna une rangée de miroirs et fit face à une glace au cadre doré. Elle y chercha son reflet et fut intriguée de voir qu'elle ne s'y réfléchissait pas du tout. Elle se pencha en avant et ses longs cheveux blonds tombèrent comme de l'or filé devant son visage. Elle les repoussa d'une main délicate, révélant des cils sombres qui bordaient de grands yeux violets, dans un visage ovale. Son teint avait l'éclat d'une pêche mûre et sa bouche la couleur de framboises écrasées. Cachée derrière le miroir – qui lui permettait d'observer sans être vue ceux qui tentaient de se mirer dedans –, Belladonna étouffa une petite exclamation et se lécha les lèvres avec gourmandise.

– Oui ! chuchota-t-elle avec un sourire triomphant. Cette fille est sans conteste la plus belle du pays.

Elle se tourna vers Hermès.

– Je brûle de tendre la main et de lui arracher le cœur sur-le-champ, pour le gober.

Sa langue passa comme celle d'un serpent sur ses lèvres et elle frémit de plaisir.

– J'ai trouvé ce que ma moitié de cœur désire, Hermès.

Heureusement inconscientes de la machination diabolique de la sorcière, les trois sœurs sortirent de la Salle des Miroirs en riant à gorge déployée.

– Et maintenant ? demanda Aurore.

Alice et Nico désignèrent le grand huit.

– Allez-y toutes les deux, proposa Aurore. Je vous regarderai.

Elle ne vit pas grand-chose, en fait, car elle mit les mains sur ses yeux chaque fois que le wagon de ses sœurs entamait une descente à pic. Alice et Nico descendirent du circuit les joues roses et les yeux brillants.

– La barbe à papa, à présent, suggéra Nico.

– Sûrement pas ! répliqua Aurore. Ce poison rose te ferait tomber les dents.

– Ça m'éviterait d'avoir à les brosser tous les jours, rétorqua Nico.

– Non, non, non.

– S'il te plaît, Aurore ! Tu me rends frustervée.

– Ça ne se dit pas, Nico.

– Si, parce que c'est exactement ce que je ressens : je suis à la fois frustrée et énervée de ne pas pouvoir faire ce que je veux.

Aurore rit.

Alice écouta ses sœurs se chamailler. Elle savait qu'à la fin Aurore céderait à Nico. En effet, elles se dirigèrent vers le stand de barbe à papa, en discutant toujours. La friandise n'intéressait pas Alice ; elle était sûre que cela lui collerait au palais et lui donnerait des haut-le-cœur.

– Je vais explorer, je reviens ! lança-t-elle.

Elle se faufila parmi les étals colorés, indifférente aux cris des forains.

– Tout le monde gagne, chérie ! criait la femme du stand *Attrapez une grenouille*, dont les faux batraciens trônaient sur de faux nénuphars dans un bassin. Je parie que tu as de la chance, mon chou.

Alice sourit, mais resta sourde à son invitation. L'air fleurait bon l'arôme alléchant de marrons grillés. Elle revint en arrière, repassant devant la Salle des Miroirs. Au train fantôme, elle entendit les cris de joie et les hurlements des clients en train de faire un tour. Elle souleva un pan du chapiteau et un squelette lui sourit de toutes ses dents. Alice lui tira la langue. Puis elle vit des enfants qui rebondissaient sur des trampolines géants près de la grande roue et glapissaient de rire.

Elle continua à marcher. Les stands commencèrent à s'éclaircir et le bruit de la foire se fit plus étouffé. Un lièvre argenté traversa le terrain comme une flèche et disparut dans une petite tente. À la différence des autres, celle-ci n'était pas rayée, mais couverte de minuscules étoiles qui brillaient et scintillaient même en plein jour. Rien n'indiquait à l'extérieur ce qui se passait dedans. Intriguée, Alice alla jusqu'à la tente et jeta un coup d'œil dans l'obscurité : il lui sembla qu'elle contemplait le firmament. Des étoiles filantes fusaient à travers une voûte indigo comme si elles se pourchassaient. La fillette allait entrer sous l'auvent, quand elle entendit la voix paniquée d'Aurore :

– Alice ! Alice ! Où es-tu ? J'ai besoin de toi ! Nico a disparu ! Je ne la trouve nulle part !

Devant la tente, un groupe de curieux entouraient une Aurore hystérique. Quand la jeune fille vit Alice, elle se jeta sur elle avec une telle force qu'elle faillit la faire tomber.

– Alice, c'est Nico. Elle est partie !

Alice eut la sensation que son cœur descendait jusque dans ses orteils.

– Comment ça, « partie » ? Partie où ?

Aurore fondit en larmes.

– Calme-toi, Aurore, et explique-moi ce qui s'est passé, dit Alice en étreignant sa sœur.

Entre deux sanglots, Aurore lui raconta son histoire.

Après avoir dégusté sa barbe à papa, Nico avait demandé à monter dans le train fantôme. Comme il ne leur restait qu'un tour gratuit, Aurore avait volontiers accepté d'attendre dehors (la vie est assez terrifiante, même sans train fantôme, pensait-elle). Elle avait donné le ticket au grand homme maigre posté devant et regardé Nico s'installer dans le dernier wagon avec l'ours Ted, dont elle avait agité la patte. La petite fille était la seule passagère.

La musique avait retenti et le train avait pénétré sous la tente. Aurore avait entendu un hurlement et supposé que Nico s'amusait comme une folle à se faire peur. Mais quand les portes s'étaient rouvertes, le dernier wagon était vide. Aurore avait demandé à l'employé où Nico pouvait être et il lui avait jeté un drôle de regard, affirmant qu'il n'avait pas eu de passager depuis une demi-heure au moins.

Les sanglots d'Aurore se firent plus bruyants et sa respiration était entrecoupée.

– Je lui ai crié que ma sœur, une petite fille avec une cape rouge, venait d'effectuer ce tour, mais il a fait un geste comme si j'étais folle et il a répété qu'il ne l'avait pas vue. C'est comme si elle n'avait jamais existé.

– As-tu fouillé le train fantôme ? demanda Alice à Aurore, d'un ton pressant.

– Quand j'ai compris que l'homme ne m'aiderait pas, j'ai fait le tour, soulevé la toile et regardé à l'intérieur. Mais c'était tout noir et je ne l'ai vue nulle part.

– Viens, dit Alice en prenant sa sœur par la main. Nous allons regarder encore une fois. Elle ne peut pas avoir disparu. Peut-être qu'elle se cache.

– Non, Alice. Si elle se cachait, elle m'aurait entendue pleurer et serait sortie.

Alice savait que c'était vrai.

– Bon, dit-elle. Elle doit bien être quelque part.

Les deux sœurs se précipitèrent vers le train fantôme, observées par un petit lièvre argenté assis à l'entrée de la tente constellée d'étoiles. Belladonna, le visage couvert d'un cache-nez, les surveillait elle aussi. Quand la foule se dispersa, les yeux de la sorcière et du lièvre se croisèrent.

Belladonna sursauta et sa main se crispa sur son cœur.

– Toi ! s'exclama-t-elle. Je sais qui tu es !

Elle sortit un pistolet et visa le lièvre entre les yeux, mais le petit animal, rapide, bondit sur le côté et la balle ne fit qu'érafler son front. Il poussa un cri de douleur et, avant que Belladonna puisse tirer de nouveau, il s'éloigna en bondissant, semant derrière lui des pétales de sang rouges.

– Maudite bestiole, pesta la sorcière. Je ne te manquerai pas, la prochaine fois.

À l'entrée du train fantôme, Hermès prenait l'argent des clients qui se ruaient dans les wagons en riant et plaisantant. Il jeta un regard noir à Alice.

– Vous ! l'interpella-t-elle. Où est ma petite sœur ? Qu'avez-vous fait d'elle ?

Hermès leva un sourcil.

– Et toi, qu'as-tu fait de mon lion ? répliqua-t-il, moqueur. Je n'ai jamais vu ta sœur. Je ne sais pas de quoi tu parles.

– Je ne vous crois pas, riposta vertement Alice. Où est Madame ? Elle nous aidera.

Il haussa les épaules.

– Elle a dû s'absenter.

– Je ne vous crois pas ! répéta Alice, désespérée.

– Une urgence médicale. Un problème de cœur, précisa Hermès avec un sourire en coin.

– Madame ? Qui est Madame ? demanda Aurore. Et qu'est-ce que c'est que cette histoire de lion ?

– Je t'expliquerai plus tard, répondit Alice en se tournant de nouveau vers Hermès. Est-ce que je peux faire un tour pour essayer de retrouver Nico ?

– Seulement si tu payes le plein tarif, déclara Hermès. Si j'accordais un tour gratuit à tous ceux qui prétendent avoir perdu quelqu'un, un portefeuille ou leur esprit dans le train fantôme, la foire ferait faillite en une semaine.

Aurore chercha quelques pièces dans son porte-monnaie.

– Tu es sûre que tu veux y aller, Alice ? Je ne veux pas te perdre aussi, dit-elle en se mordant anxieusement la lèvre.

– Je serai très vite de retour, promit Alice en étreignant la main de sa sœur.

Elle fusilla Hermès du regard et s'installa dans le dernier wagon.

Fumée
et miroirs

Le train s'ébranla en bringuebalant et, soudain, Alice se retrouva dans le noir complet. Quelque chose de visqueux lui effleura le visage, puis un squelette lumineux la regarda d'un air mauvais. Le train grimpa une côte dans un bruit de ferraille pour plonger ensuite dans un creux, sans prévenir, et un fantôme se matérialisa devant Alice, la bouche ouverte sur un cri muet. Lorsque le train vira sur la droite, plusieurs vampires apparurent, agités d'un rire fou. Le wagon s'arrêta et repartit dans l'autre sens. Alice aperçut alors un homme avec un boulon planté dans la tête. Du sang noir coulait de sa bouche et il avait l'air incroyablement vrai. Le wagon tangua brusquement et permit à Alice d'assister, au-dessous d'elle, à une scène effrayante : des femmes fantomatiques, aux yeux fiévreux et à la peau verdâtre, étaient poursuivies par des loups-garous. Au virage suivant, elle se retrouva face à une femme aux yeux tristes qui pleurait et semblait enchaînée dans les profondeurs d'un miroir fumeux. La pauvre créature tendait les mains vers Alice comme si elle implorait silencieusement son aide. La fillette savait que c'était une illusion, mais la femme paraissait si réelle et plongée dans une telle détresse qu'elle eut du mal à se retenir de sauter du wagon pour voler à son secours. La femme ouvrit la bouche dans un hurlement terrible avant d'être avalée par le miroir. Bientôt, il ne resta plus que ses doigts suppliants qui griffaient l'air comme les pattes d'un crabe en train de bouillir. Avec fracas, le train prit un autre virage et Alice distingua un rai de lumière devant elle. Quand son wagon franchit les portes en les heurtant pour sortir au grand jour, elle aperçut le visage anxieux d'Aurore, juste avant que le train s'engouffre de nouveau dans le tunnel pour un second tour.

Cette fois, Alice savait à quoi s'attendre. Elle passa devant le squelette à l'air mauvais, les vampires déments et l'homme au boulon, scrutant obstinément l'obscurité de chaque côté des rails, pour le cas où elle verrait une trace de Nico. Les loups-garous continuaient de poursuivre à l'infini les femmes à la peau verte. Le miroir venait après. Quand le wagon d'Alice arriva à sa hauteur, les nuages de fumée bouillonnants qui couvraient sa surface s'écartèrent soudain et, tout au fond, apparut un petit visage désespéré. C'était celui de Nico, affolé, et les yeux mouillés de larmes. Elle serrait l'ours Ted dans une main et tendait l'autre vers Alice en un geste suppliant. Alice poussa un cri et sauta du wagon en marche. De la fumée tourbillonnait de nouveau à la surface du miroir, la troublant. Le petit visage de Nico avait déjà été englouti par le miroir, seule sa menotte tremblante restait tendue. Alice voulut la saisir, mais ses doigts traversèrent ceux de sa sœur comme si elle était un fantôme. Paniquée, Alice cria le nom de Nico et tendit de nouveau la main vers la sienne. Une nouvelle fois, ses doigts ne rencontrèrent que du vide. Elle crut entendre la voix terrifiée de sa sœur appeler : « Alice ! » Au désespoir, elle enfonça encore la main dans le miroir embrumé, mais fut arrêtée par une matière dure et résistante. La fumée se dissipa et révéla une glace lisse, solide et parfaitement ordinaire. Alice pressa son front contre la surface fraîche, puis elle poussa un cri de fureur et frappa le miroir avec son poing. Le verre se brisa, lui entaillant les doigts. Avec précaution, elle ressortit la main, prenant soin d'éviter les éclats. Elle courut ensuite derrière le miroir, mais il n'y avait rien. Elle regarda frénétiquement autour d'elle et passa entre d'épais rideaux noirs. Un squelette tout flasque la fit sursauter en tombant vers elle. Elle se retrouva bientôt à l'arrière de la tente, dont l'un des pans clapotait légèrement dans la brise. Il y avait un petit espace entre l'herbe et la toile, et Alice s'y glissa pour sortir au grand air. Aucun signe de vie. L'endroit était désert ; seule une barbe à papa à moitié mangée gisait dans l'herbe. Dépitée, Alice courut jusqu'à l'entrée du train fantôme où elle retrouva Aurore qui sanglotait bruyamment, convaincue d'avoir perdu non seulement une, mais deux sœurs.

Hermès se tenait à côté, l'air revêche, et annonçait à personne en particulier qu'il n'était pas responsable : ce n'était pas sa faute si les clients perdaient sans arrêt leurs parents, et Aurore, du fait de sa négligence, était la seule à blâmer de cette disparition.

– Alice ! Tu es là ! cria sa sœur en l'apercevant.

– Et Nico aussi, répondit Alice. Je l'ai vue.

– Où ?

– Dans un miroir. Mais elle avait l'air de n'être qu'une illusion. Je n'aime pas ça. Je n'aime pas ça du tout.

Aurore enlaça sa cadette.

– Nous la retrouverons, Alice, je le sais. Rappelle-toi ! Nous trois seules, nous trois ensemble, pour toujours et à jamais. Nous sommes des presque orphelines et nous avons l'habitude de nous débrouiller. Nous la retrouverons.

– Il y a quelque chose qui cloche, Aurore. On dirait que quelqu'un joue à un jeu avec nous.

Alice frissonna. Il faisait plus froid et la nuit allait bientôt tomber. Même si elles trouvaient Nico immédiatement, ce ne serait pas agréable de patiner sur la rivière dans le noir pour rentrer au manoir.

– Viens, lança-t-elle. Continuons à chercher.

Pendant la demi-heure qui suivit, elles allèrent de stand en stand en demandant aux gens s'ils n'avaient pas vu une petite fille vêtue d'une cape rouge. Les réponses étaient toujours négatives et, de minute en minute, l'espoir des deux sœurs faiblissait. Le silence entre elles était pesant.

Quand elles eurent fouillé chaque centimètre carré de la fête foraine, elles se retrouvèrent sur l'aire des roulottes. Nico était toujours introuvable. Des larmes ruisselaient sur les joues d'Aurore, et Alice avait dans la gorge une boule qui ressemblait à une lourde pierre. Elle était submergée par l'anxiété.

Elles allaient retourner sur l'emplacement de la foire, où les forains commençaient à fermer leurs stands, quand Alice entendit un son qui la glaça jusqu'à la moelle : le long hurlement plaintif d'un loup. Elle s'agrippa au bras d'Aurore et vit la panique envahir le visage épuisé de sa sœur.

Alice prit Aurore par la main et l'entraîna dans la direction du hurlement. Elles contournèrent une grande roulotte et découvrirent non loin une cage qui abritait cinq loups gris. Les bêtes, énormes et bien soignées, sveltes et musclées, aux crocs impressionnants, étaient en train de déchiqueter une petite cape de velours rouge. Aurore étouffa un cri et tomba à genoux. Une seconde, Alice sentit ses jambes flageoler. Puis elle bondit en avant, passa un bras entre les barreaux et arracha la cape aux mâchoires des loups surpris, si vite qu'ils n'eurent pas le temps de la mordre. Ils grondèrent, puis levèrent la tête et entamèrent un chœur de glapissements.

– Alice, tu aurais pu être tuée ou perdre un bras ! la gronda Aurore à mi-voix.

– Je m'en moque, riposta farouchement Alice. Ces loups ont peut-être mangé ma petite sœur, mais je ne les laisserai pas manger sa cape, en plus.

Sur ces mots, elle éclata en sanglots. Ses lamentations se mêlèrent à celles d'Aurore et à la plainte des loups, pour produire une étrange et lugubre symphonie.

– Je ne le crois pas, je ne veux pas le croire ! sanglota Aurore, la voix brisée par le désespoir. Qui peut être assez méchant pour jeter un bébé aux loups ?

– Une seule personne sur toute la Terre en est capable, murmura Alice avec lassitude, et c'est le docteur Sauvage.

Elle avait à peine prononcé ces mots qu'une petite voix reconnaissable entre toutes lança, indignée :

– Ah, vous êtes là, Alice et Aurore ! Où étiez-vous passées ? Je vous ai cherchées partout ! Cette fête foraine est un endroit super pour se cacher, d'accord, mais vous auriez pu me dire qu'on jouait à cache-cache. Vous êtes méchantes de m'avoir laissée seule tout ce temps.

Alice et Aurore levèrent les yeux, stupéfaites. Nico se tenait devant elles, le visage tellement barbouillé de barbe à papa qu'elle semblait affublée d'une barbe rose.

– On devrait rentrer à la maison, ajouta-t-elle. Il est tard et l'ours Ted et moi on a froid, très très faim et on est fatigués.

Cachés dans l'ombre, Belladonna et Hermès observaient les trois sœurs en jubilant.

– Mon heure est venue ! chuchota Belladonna.

– Oui, mais Madame devrait se montrer prudente, dit nerveusement Hermès. Madame sait sûrement qu'il existe des règles très strictes concernant la prise de cœurs humains.

– Des règles ! Je me moque des règles, rétorqua Belladonna avec dédain. Je suis une sorcière.

Hermès tira de sa poche un livre épais à la reliure usée, qui avait visiblement été maintes fois consulté. Sur la couverture était inscrit, en lettres dorées et passées : *Prendre un cœur : le guide essentiel pour les sans-cœur.* Il le feuilleta rapidement et trouva une page sur laquelle il avait griffonné d'une écriture minuscule. Il s'éclaircit la gorge et lut à voix haute :

– Règle 3, sous-section 1604 : *Tous les cœurs sans exception doivent être demandés par ceux qui souhaitent les recevoir ou leurs représentants, et donnés librement. Quiconque prend un cœur sans autorisation sera frappé d'une mort instantanée.*

Il feuilleta encore le livre et s'arrêta à une page cornée.

– Règle 1871, sous-section 675 : *Quiconque volera, pour lui ou pour autrui, un cœur humain déjà attribué ou donné selon la règle 917, sous-section 124, périra sur-le-champ...*

La voix frêle d'Hermès s'éteignit peu à peu sous le regard cinglant de Belladonna.

– Ces règles sont stupides ! lâcha-t-elle avec une moue. Mais raison de plus pour mettre mon plan à exécution sans attendre, au cas où elle penserait donner son cœur à quelqu'un d'autre. Je n'aurai pas besoin de le lui voler : je ferai en sorte qu'elle me le donne, et à moi seule. Moi, sa toute nouvelle et affectueuse belle-mère.

– Ne craignez-vous pas que cette Alice vous reconnaisse ? demanda Hermès.

– Me prenez-vous pour une idiote ? riposta Belladonna, coupante. J'ai prévu de me déguiser.

Elle leva le miroir de Dorian devant son visage et ce qu'elle y vit lui causa un frisson irrépressible. Elle leva un doigt, l'agita en direction de l'objet et marmonna une incantation. La surface de la glace se mit alors à bouillonner et la silhouette de la sorcière s'illumina comme si une lumière intérieure irradiait autour d'elle. Cet éclat devint si vif qu'Hermès recula en se protégeant les yeux. Les contours du corps de Belladonna commencèrent à se dissoudre et Hermès, bouche bée, vit sa maîtresse diminuer et disparaître pour être remplacée, dans un jaillissement d'étincelles et de fumée tourbillonnante, par une créature si monstrueuse qu'il se détourna et gémit de frayeur. Cette nouvelle figure fut engloutie à son tour par d'autres étincelles, puis par des nuages noirs, verts, rouges et enfin d'un blanc de lait. Lorsque les nuées se dissipèrent, il y eut un roulement de tonnerre, un éclair de lumière bleu électrique, et une grande femme d'une beauté glacée, aux cheveux d'ébène, se dressa devant Hermès. Elle lui tendit une main gracieuse.

– Mon nom est Belle Eden. Ravie de vous rencontrer.

Hermès ouvrit et referma la bouche plusieurs fois, comme un poisson.

– Belladonna ? demanda-t-il d'une voix hésitante.

– Bien sûr, triple sot !

La sorcière claqua des doigts.

– Ne restez pas planté là. Nous avons du travail. Allons chercher les loups. Il est temps que les enfants rencontrent leur nouvelle maman.

Belle Eden attendit près de la cage pendant qu'Hermès ouvrait le cadenas d'une main tremblante. Les loups reniflèrent leur maîtresse d'un air soupçonneux avant de glapir de plaisir.

– Vous voyez, ils savent me reconnaître, eux.

La sorcière jeta des morceaux de rognons et de foie crus aux fauves, à travers les barreaux.

– Des douceurs pour mes chéris ; des friandises pour mes jolis, roucoula-t-elle.

Les loups bavèrent et bondirent pour attraper au vol les morceaux sanglants, qu'ils avalèrent tout ronds. Hermès ouvrit la porte et recula prudemment. Les animaux s'élancèrent hors de la cage et allèrent s'asseoir aux pieds de Belle, quémandant d'autres délices. Elle leur jeta un dernier rognon à chacun et les laissa lécher le sang sur ses mains.

– Assez, mes beautés, dit-elle. Il faut que vous restiez affamées, sinon vous ne m'obéirez pas.

Elle pinça méchamment les naseaux d'un loup, qui glapit. Les autres grondèrent. Belle sourit.

– Mais vous faites toujours exactement ce que je vous ordonne, n'est-ce pas ? Comme Hermès. Vous êtes tous mes fidèles serviteurs.

Elle se pencha en avant et murmura à l'oreille d'un loup :

– Parce que vous savez ce que je vous ferai si vous me désobéissez, hein ?

Les loups grognèrent sourdement. Les genoux d'Hermès s'entrechoquaient, mais il remarqua que le visage familier de Belladonna transparaissait très légèrement sous celui de Belle. La sorcière caressa la tête du loup le plus proche.

– Voici mes instructions, mes jolis : je veux que les trois sœurs Eden tremblent de peur. Terrorisez-les si fort qu'elles me recevront à bras ouverts quand je viendrai les sauver. Allez, sauvez-vous dans les bois !

Elle regarda partir les loups, puis prit le miroir de Dorian et étudia son reflet.

– Malédiction ! Le sortilège se dissipe déjà. Heureusement que j'ai toujours le miroir sur moi.

Elle se remit à marmonner et son déguisement se consolida, achevant de faire disparaître l'ancienne Belladonna.

7

Danger ! Des loups !

Le soleil d'hiver était proche de l'horizon lorsque les trois sœurs Eden prirent le chemin du retour. Alice et Aurore patinaient sur la rivière gelée, tirant derrière elles le traîneau où Nico dormait à poings fermés, l'ours Ted serré contre elle. Elles avaient questionné leur petite sœur avec insistance, mais Nico avait soutenu que c'étaient elles qui s'étaient perdues et l'avaient abandonnée.

– Je vous ai attendues près du train fantôme. Je n'ai pas bougé, j'ai même fait une petite sieste, je crois. Une gentille dame est venue plusieurs fois m'offrir de la barbe à papa.

– Comment était-elle ? lui avait demandé Alice, méfiante.

– Je n'ai pas bien pu voir son visage, parce qu'elle portait une écharpe. Mais elle était gentille. La barbe à papa m'a donné sommeil, et je ne me rappelle pas non plus ce qu'elle a dit. J'ai fait de drôles de rêves : j'étais enfermée dans un miroir, je ne pouvais pas sortir. C'était horrible. C'est peut-être à cause du colorant rose dans la barbe à papa. Tu as sûrement raison, Aurore : c'est délicieux, mais probablement très mauvais pour la santé.

Après cet interrogatoire, Nico avait bâillé à s'en décrocher la mâchoire et s'était assoupie. Les deux aînées avaient continué à patiner en silence dans le crépuscule. Elles étaient épuisées, et cela leur demandait un gros effort. Des flocons de neige, telles des mouches blanches, se mirent à virevolter ; des branches basses leur frôlaient les épaules comme pour les retenir. Au bout d'un moment, Aurore demanda doucement :

– Tu crois vraiment que le docteur Sauvage est derrière tout ça, Alice ?

– Qui d'autre ? répondit la fillette d'un ton lugubre.

– Mais il est mort, objecta Aurore. Il a péri dans l'incendie de la Maison de Pain d'épice. Et même s'il avait survécu, que pourrait-il nous vouloir ? Tu n'as plus la flûte, Alice. Elle est au fond de la mer, hors d'atteinte.

– Je l'espère, Aurore. J'espère vraiment que tu as raison, dit Alice.

Lorsque le ciel devint noir, les deux sœurs patinaient toujours. La neige tombait si dru qu'elles ne virent pas le lièvre argenté qui les suivait le long de la berge. Le petit animal était blessé : une plaie saignait sur le côté de sa tête, et même si les deux filles n'avançaient pas très vite, il avait du mal à ne pas se faire distancer.

Alice et Aurore prenaient soin de rester au milieu de la rivière, là où la glace était la plus épaisse. Aurore lorgnait avec méfiance vers les bois qui bordaient le cours d'eau et évitait les branches qui se tendaient vers elle, telles des mains avides. De la brume s'enroulait autour des troncs des arbres, comme pour les faire disparaître.

– Pourquoi ai-je l'impression qu'on nous observe ? demanda-t-elle.

– C'est seulement la forêt qui te rend nerveuse, comme d'habitude, répondit Alice. Nous serons bientôt à la maison, à boire du chocolat chaud assises devant la cheminée.

Mais la fillette était trop optimiste : l'instant d'après, Aurore trébucha et tomba, se tordant la cheville. La douleur se diffusa immédiatement dans toute sa jambe.

– Eh bien, dit-elle en réprimant des larmes. La fin parfaite pour une journée parfaite ! Il ne manquerait plus qu'un loup arrive et nous mange, pour couronner le tout. J'étais sûre qu'on aurait mieux fait de rester à la maison et de ranger le placard à linge. Personne ne risque d'être blessé ni dévoré en rangeant le placard à linge.

– Non, mais ça peut arriver quand on patine dans le noir, dit Alice d'un ton sinistre.

Elle désigna l'aval de la rivière. Aurore retint une exclamation. Cinq silhouettes grises fantomatiques venaient à leur rencontre, la démarche sournoise. Nico se réveilla à ce moment-là et les regarda fixement.

– On m'a raconté des histoires : en fait, les loups savent patiner, dit-elle d'une petite voix.

– Oui, confirma Aurore. Tu t'es bel et bien trompée.

Les loups, qui glissaient effectivement sur la glace, s'arrêtèrent à quelque distance des enfants. Ils mirent leur tête entre leurs pattes et les observèrent. L'un d'eux avait une rayure brune de la tête à la queue. Alice enlaça Aurore et Nico, comme si les soustraire au regard des fauves pouvait aussi les protéger de leurs dents aiguisées, qui brillaient d'un éclat jaune dans le noir.

– Pour toujours et à jamais, chuchota-t-elle.

Aurore lui pressa la main et répondit :

– Nous trois seules. Nous trois ensemble. Pour toujours et à jamais.

Les loups restaient immobiles, sans quitter les trois sœurs des yeux.

– Ils n'ont peut-être pas très faim, suggéra Nico, en essayant de maîtriser le tremblement de sa voix.

– Ne rêve pas : les loups sont toujours affamés, la détrompa Alice d'un ton crispé. Est-ce que tu peux marcher, Aurore ?

– Je me débrouillerai, répondit la jeune fille en serrant les dents.

– Bon, fit doucement Alice. Alors, très lentement et sans geste brusque, tu vas te tenir à mon bras et monter dans le traîneau.

Aurore obéit et tressaillit quand son poids se porta sur sa cheville blessée. Les loups restaient allongés, suivant la scène avec intérêt.

– On dirait qu'ils attendent quelque chose, observa Alice. Je n'aime pas ça. Essayons d'avancer et voyons comment ils réagissent.

Avec lenteur, Alice saisit la poignée du traîneau et commença à le tirer derrière elle. Grave erreur ! Les loups bondirent aussitôt. Des dents pointues claquèrent près de l'oreille de la fillette, elle sentit une odeur musquée de fourrure et entendit un grondement d'avertissement tandis que des fauves surgissaient devant elle. Elles étaient encerclées. Elle s'arrêta dans une glissade et le traîneau trop chargé se renversa, projetant Aurore et Nico sur la glace. Les loups grondèrent de plus belle et passèrent nonchalamment une mince langue rouge sur leurs crocs aiguisés. Paniquée, Nico se mit à gémir.

Quelque part dans le lointain s'éleva un long hurlement plaintif, qui flotta un instant dans l'air. Alors, comme en réponse à un signal, les loups bondirent vers les enfants. Horrifiée, Alice en vit deux arracher les restes de la cape rouge de Nico. Elle aperçut le visage terrifié d'Aurore, qui levait les bras pour essayer de se protéger contre deux loups aux babines écumantes. Elle se tourna juste à temps pour voir une forme grise fondre sur elle. Elle fit un pas de côté et le fauve alla s'assommer sur la glace. Aurore, Nico et l'ours Ted, blottis les uns contre les autres, disparaissaient désormais sous une masse de fourrure. Alice fouilla désespérément dans sa poche et en tira une poignée de pétards, qu'elle jeta au milieu des loups.

Au contact du sol, les explosifs crépitèrent et sifflèrent. Les bêtes glapirent et se dispersèrent tandis que des milliers de flammèches pétillaient au ras de la glace. Hélas, dès que les étincelles et le bruit moururent, les loups pivotèrent et revinrent sur leurs pas, prêts à livrer un deuxième assaut.

Voyant les fauves revenir, Alice attrapa le traîneau renversé. Elle le fit tournoyer plusieurs fois autour d'elle et, quand les loups furent assez près, elle le lâcha. Il glissa sur la glace et alla heurter deux loups de plein fouet. Ils se cabrèrent, hurlèrent de douleur et disparurent en boitant dans la forêt.

Les deux loups restants avançaient toujours en grondant, menaçants. Nico hurla de terreur. Alice mit de nouveau la main dans sa poche et en tira une dernière poignée de pétards. Elle les lança sur les bêtes qui bondirent sur le côté, rugissant de colère, pour les éviter. Un pétard explosa juste sous un loup, qui glapit et s'éloigna en bondissant, laissant derrière lui une odeur de fourrure brûlée. Le dernier loup, à la rayure brune, trotta autour des enfants en fixant Alice de ses yeux jaunes. Elle soutint son regard et chercha désespérément d'autres pétards dans ses poches, mais ne trouva que de la poussière, une pomme de pin et un sandwich au concombre entamé. Le désespoir la submergea à l'idée qu'elles allaient finir dans la panse d'un loup. Puis Alice se ressaisit : avant d'être déchiquetée par ces dents tranchantes comme des rasoirs, elle était déterminée à se battre. Elle s'occuperait du loup avant qu'il s'occupe d'elle : cela fournirait au moins à ses sœurs une chance de s'échapper. Forte de cette résolution, elle montra les dents et bondit furieusement sur l'animal surpris, tout en criant « Courez ! » à Aurore et Nico. Elle eut juste le temps de voir ses sœurs filer vers les arbres, puis sa tête percuta la mâchoire du loup stupéfait. La bête se dressa au-dessus d'elle et la renversa en arrière. Lorsqu'elle se ressaisit, elle avait un goût de sang dans la bouche, sucré et métallique. Le loup la dominait, elle sentait son haleine fétide et voyait ses yeux jaunes et ses crocs acérés. Elle se préparait déjà à la douleur qu'elle éprouverait quand ces dents se planteraient dans sa chair, lorsqu'elle entendit tinter les clochettes d'un traîneau. Un coup de feu retentit et une balle siffla entre son oreille droite et le flanc gauche de l'animal, qui recula. Une deuxième balle traversa l'air, un peu trop près au gré d'Alice. Le loup déguerpit à son tour.

Avec précaution, Alice releva la tête et vit le visage d'une belle femme aux yeux bleus glacés, à la peau aussi blanche que la neige et aux lèvres rouge sang. Elle avait un grain de beauté sur la joue gauche et ses cheveux d'ébène étaient ramassés sur sa tête en un chignon sophistiqué. Dans sa main droite, elle tenait un petit pistolet qui fumait encore. Elle souffla sur le canon et sourit à Alice.

– Je déteste manquer ma cible, lui confia-t-elle.

Une nouvelle maman

Les enfants regardaient avec perplexité la ravissante femme qui les avait tirées de ce mauvais pas. Alice se rappela soudain les bonnes manières.

– Merci, dit-elle doucement, tandis qu'Aurore et Nico l'enlaçaient. Vous nous avez sauvé la vie. Si vous n'étiez pas arrivée à temps, les loups nous auraient tuées. Nous vous serons éternellement reconnaissantes.

– Je suis ravie d'avoir été utile, dit l'inconnue.

Alice aperçut soudain un éclair argenté et vit un petit lièvre courir vers elles sur la glace. D'un geste détaché, la femme le visa et tira. Le lièvre s'enfuit en semant une traînée de sang rouge derrière lui. La fillette ouvrit la bouche pour protester avec colère, puis la referma, se souvenant qu'elles devaient la vie à cette femme. L'inconnue coula un regard noir dans le sillage du lièvre, puis se présenta :

– Je m'appelle Belle Eden.

Les trois filles la dévisagèrent.

– Eden, vraiment ? demanda Alice, ébahie.

– Vraiment, répondit la femme. C'est un joli nom, n'est-ce pas ? ajouta-t-elle avec un rire qui rappelait des glaçons tintant dans un verre.

– Mais ce nom ne peut pas être le vôtre, déclara Nico d'un ton péremptoire, parce que c'est le nôtre.

Belle fit mine d'être surprise.

– Quelle coïncidence incroyable ! Alors, vous devez être Aurore, Alice et Nico, les filles de Roger. Comme je suis heureuse de vous rencontrer ! Votre cher papa m'a tellement parlé de vous. Quand j'ai compris que vous étiez seules au manoir Eden, j'ai accouru aussi vite que possible pour vous tenir compagnie. On dirait que je suis arrivée juste à temps.

Elle ouvrit les bras et attira contre elle les trois sœurs stupéfaites.

– Mes très chères enfants ! Mes petits bébés des bois, je suis votre nouvelle maman.

Alice s'écarta la première.

– Notre nouvelle maman ? Que voulez-vous dire ?

La vérité la frappa comme un coup de massue. Elle fut prise de tournis.

– Papa s'est remarié ! Vous êtes notre belle-mère ! Mais comment ? Quand ? Ce n'est pas possible, papa est parti depuis à peine vingt-quatre heures !

– Je suis bien votre belle-maman, roucoula Belle. Roger a mené sa cour tambour battant. Nous sommes tombés follement amoureux l'un de l'autre. Votre papa était un homme très fougueux. Il m'a emportée dans un tourbillon et tout s'est fait très rapidement.

– Était ? répéta Alice d'une voix incertaine.

Belle prit un air sombre.

– Mes chéries, je crains d'avoir une tragique nouvelle à vous annoncer. Votre pauvre père. Nous étions mariés depuis moins d'une heure, quand un terrible accident est survenu. Il semble que votre papa se soit cruellement trompé sur le dragon à miel à quatre langues, trois pattes et deux têtes. Il n'a pas si bon caractère qu'on le dit. Il est au contraire très féroce et affreusement soupe au lait.

Sur ces mots, la sorcière déguisée sortit de sa poche un chapeau cabossé que les trois sœurs reconnurent aussitôt. C'était celui de leur père.

– C'est hélas tout ce qui reste de votre papa.

Belle poussa un soupir théâtral et une larme roula sur sa joue. Aurore s'écroula, Nico hurla « Non ! » et Alice dévisagea sa nouvelle belle-mère, pâle comme un linge. Mort ! Leur père était mort ! Le chagrin faillit l'anéantir. Elle étouffa un sanglot, désespérée, et se baissa pour étreindre Aurore, qui murmurait, dans un état second :

– Alors, ça signifie que nous sommes complètement orphelines, désormais.

– Oui, dit Alice en serrant la main glacée de sa sœur. Nous sommes toutes seules.

– Mais non ! déclara Belle d'un air enjoué. Je vais m'installer avec vous. Votre père vous a confiés à mes soins, vous et le manoir Eden.

Alice et ses sœurs étaient tellement bouleversées par la nouvelle de la mort soudaine de leur père qu'elles ne protestèrent pas quand Belle prit les rênes de la maison. Leur nouvelle belle-mère se sentait à son aise au manoir et ne manquait pas une occasion de charmer les trois sœurs et de les inciter à lui faire confiance.

– Regarde, Aurore ! J'ai trouvé une recette de crème brûlée vieille de plusieurs siècles qui t'intéressera sûrement, dit-elle un jour d'une voix exagérément aimable, en posant un vieux livre de recettes sur les genoux d'Aurore.

En des temps plus heureux, Aurore aurait été fascinée par ce livre de cuisine rare et ancien, mais ce jour-là elle y jeta à peine un coup d'œil.

– Papa adorait la crème brûlée, murmura-t-elle. C'était un de ses desserts favoris. Léa l'aimait aussi. Elle disait que c'était un rayon de soleil dans une cuillère.

Des larmes mouillèrent ses yeux et coulèrent sur ses joues comme une traînée de lave.

– Allons, allons, tes beaux yeux vont être tout rouges, dit doucement Belle.

Sur ces entrefaites, Alice entra dans la pièce. Elle revenait de la forêt, où elle était allée nourrir Zeus d'un mélange de lasagnes aux légumes et de purée de pommes de terre. Après avoir vu la façon dont Belle avait tiré sur le lièvre, elle avait compris que le lion ne serait pas bien accueilli au manoir. Elle arriva juste à temps pour voir Belle tapoter le bras d'Aurore en la regardant à la façon d'une ménagère convoitant une belle pièce d'agneau posée sur le comptoir d'un boucher. Quelque chose dans cette scène la mit mal à l'aise. Belle l'aperçut et s'écarta d'Aurore, jetant au passage un coup d'œil dans le miroir. Voyant que la véritable Belladonna essayait de ressurgir derrière son déguisement, elle se tamponna ostensiblement les yeux d'un mouchoir bordé de noir et fila dans sa chambre pour utiliser le miroir de Dorian. Alice la regarda partir. Elle trouvait à Belle un air étrangement familier et elle était certaine de l'avoir déjà vue quelque part.

Le chagrin s'était abattu sur le manoir Eden, comme si l'on avait jeté une cape de deuil sur la vieille maison. De la brume s'accrochait aux murs nuit et jour ; les vieilles poutres et les parquets anciens gémissaient comme des gens endeuillés à un enterrement. Les filles étaient comme assommées par la douleur, surtout Alice qui parlait, mangeait et dormait à peine. Pourtant, Belle insistait pour mettre les trois sœurs au lit chaque soir à sept heures et demie. Elle prétendait que se coucher tôt était un excellent remède contre le chagrin, mais en réalité elle ne voulait pas avoir à supporter la compagnie des enfants plus longtemps que nécessaire.

– Fais dodo, ma petite poupée, dit Belle, un soir, en se penchant sur le lit de Nico pour la border.

La petite fille, qui n'avait jamais eu de maman pour l'embrasser et lui souhaiter une bonne nuit, attira Belle à elle avec avidité. Comme toutes les sorcières, Belle était allergique aux enfants, et une vilaine rougeur marqua aussitôt son cou, à l'endroit où les doigts de Nico l'avaient touchée.

– Quel chou tu es ! roucoula Belle avant de serrer les dents.

« Et tu serais encore plus délicieuse morte et enterrée sous le genévrier », pensa-t-elle.

Imaginer les endroits où elle déposerait les ossements des enfants lorsqu'elle les aurait données à manger à ses loups était un de ses passe-temps favoris. Ce moment approchait à grands pas. Il suffisait qu'Aurore lui promette de lui donner son cœur, qu'elle trouve la flûte et la gagne, et elle n'aurait plus besoin des sœurs Eden. Elle se pencha au-dessus du lit d'Aurore, les yeux brillants et voraces.

– Ah, ma beauté ! soupira-t-elle en la bordant soigneusement.

Ce faisant, elle imagina que le cœur d'Aurore était déjà sien et qu'elle bordait son corps sans vie dans un cercueil.

– Et la dernière, mais pas la moindre, lança-t-elle d'un ton enjoué à Alice, qui lui tourna le dos en guise de réponse.

Aurore et Nico, que le chagrin rendait passives, supportaient patiemment les tentatives répétées de

Belle pour gagner leur affection. Aurore semblait même soulagée de ne plus devoir veiller seule sur ses petites sœurs. Mais Alice était beaucoup moins réceptive aux efforts de sa belle-mère pour se rapprocher d'elle. Elle avait du mal à accepter que son père, qui avait tant aimé Léa, se soit remarié si vite et avec une telle décontraction. En outre, elle percevait quelque chose de faux dans les sourires de Belle.

– Oh, ma pauvre petite Alice ! Je sais ce que tu ressens. Mon cœur aussi est brisé ! lança Belle d'un ton théâtral au dos tourné d'Alice, tout en songeant comme le sien serait vite réparé quand elle s'emparerait du cœur d'Aurore.

Elle se demanda si celui-ci serait meilleur rôti, bouilli ou frit avec un peu d'ail. Ou peut-être devrait-elle juste le manger cru ? Il faudrait qu'elle consulte *Prendre un cœur : le guide essentiel pour les sans-cœur*. Il ne s'agissait pas de se tromper. D'une main glacée, Belle tapota les couvertures d'Alice, qui frissonna, se sentant soudain menacée.

– Bonne nuit, mes petits agneaux. J'espère que vous allez reposer en paix, dit Belle d'une voix suave en fermant la porte.

Puis, pour elle-même, elle ajouta à mi-voix :

– Oui, j'espère bien que vous reposerez toutes les trois en paix très, très bientôt.

Dès que leur belle-mère fut sortie, les trois sœurs se mirent dans le même lit. Nico s'endormit la première, puis ce fut le tour d'Aurore. Alice resta éveillée dans le noir, écoutant Belle aller et venir dans la maison. Les mouvements de sa belle-mère paraissaient méthodiques, comme si elle cherchait quelque chose. Pendant un temps infini, la fillette écouta les petits ronflements d'Aurore et la respiration de Nico. Puis elle se glissa hors du lit et se faufila à la cuisine. Elle chipa une poignée de madeleines dans la boîte à gâteaux, sortit en catimini du manoir et fila dans les bois baignés de lune.

– Zeus ! Zeus ! appela-t-elle.

Elle entendit des craquements dans les fourrés et le beau lion sortit de derrière les arbres pour s'incliner devant elle. En lui parlant du don d'Aurore pour la pâtisserie, Alice lui mit les madeleines dans la gueule. Ravi, le lion n'en finit pas de se lécher les babines. Alice enfouit son visage dans sa douce crinière et regretta de ne pas pouvoir le ramener au manoir Eden. Elle l'étreignit une dernière fois avant de rentrer. De retour dans la maison, elle entendit un bruit et jeta un coup d'œil dans la bibliothèque. Belle tirait méthodiquement les livres à elle et enfilait ses longs doigts de fouine dans les interstices.

– Il n'y a pas d'argent, si c'est ce que vous cherchez, dit Alice en se glissant silencieusement derrière elle. Il n'y a pas de trésor caché au manoir Eden.

Belle poussa un miaulement de surprise et pâlit comme si elle avait vu un fantôme. Alice eut l'impression bizarre que deux personnes se tenaient devant elle, au lieu d'une. Elle se frotta les yeux et se demanda si elle avait besoin de lunettes. Belle lui sourit d'un air mielleux.

– Oh, seuls les gens qui payent leurs factures ont besoin d'argent, et je m'en garde bien. Votre cher papa m'a prévenue qu'il n'avait pas un sou, et ça ne m'a pas empêchée de l'aimer, bien au contraire…

Elle se tamponna les yeux avec son mouchoir.

– Je cherchais juste mes pilules. J'ai un petit problème au cœur qui m'empêche de dormir. Mais, dis-moi, aimerais-tu boire un chocolat chaud ? Je peux t'en préparer un avec de la crème fouettée et le saupoudrer de cacao. Je sais que c'est très pénible pour toi, Alice : tu as subi une grande perte… mais j'aimerais tant que nous soyons amies. Je suis ta nouvelle maman et suis prête à tout pour te faire plaisir. J'adore tellement les enfants…

– Je n'aime que le chocolat d'Aurore, répondit Alice avec raideur, avant de retourner se coucher d'un pas décidé.

– Oui, j'adore les enfants, répéta Belle après son départ, mais seulement en pâté, avec beaucoup de sauce.

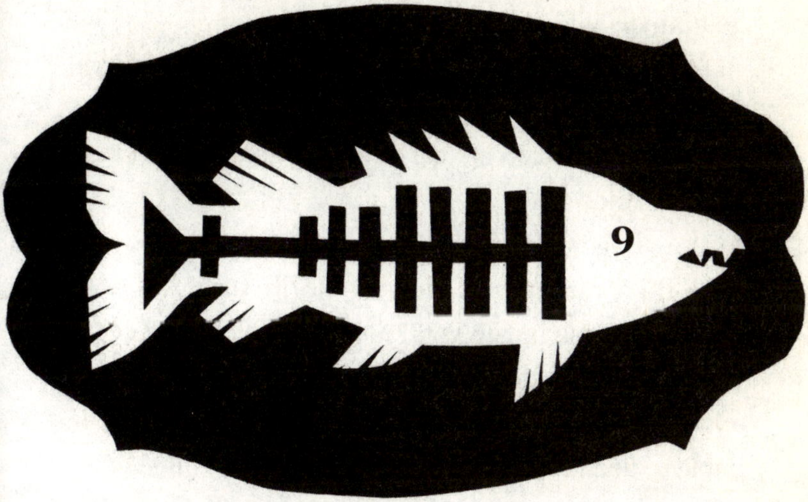

Visite inattendue

Belle souffrait beaucoup de la proximité des enfants, qui lui donnait des démangeaisons et mettait à rude épreuve son cœur déjà bien mal en point. Elle était obligée de recourir de plus en plus souvent au miroir de Dorian qu'elle gardait toujours avec elle, rangé dans un écrin de velours noir.

– Qu'y a-t-il dans ce coffret ? lui demanda un jour Alice au moment du déjeuner.

Elle avait remarqué que sa belle-mère ne s'en séparait jamais.

– Ce n'est que ma trousse de beauté, répondit Belle avec un petit rire cristallin.

– Je peux voir ce qu'il y a dedans ? demanda encore Alice.

Le visage de Belle se crispa.

– Bien sûr, dit-elle avec un sourire forcé.

Elle poussa l'écrin vers Alice, mais alors que celle-ci allait soulever le couvercle, elle marmonna quelque chose, et le vieux lustre suspendu au-dessus de la table se décrocha, manquant écraser Nico. Dans l'émotion du moment, le coffret fut oublié. Par la suite, Belle le conserva dans sa chambre, mais Alice y pensait toujours et était déterminée à regarder à l'intérieur à la première occasion.

Belle redoubla d'efforts pour séduire les enfants. Elle engagea des conversations captivantes avec Aurore sur les avantages des couettes par rapport aux draps et aux couvertures, et fit sortir comme par magie des souris roses en sucre de derrière l'oreille droite de Nico. La sorcière savait qu'elle devait gagner leur confiance si elle voulait obtenir le cœur d'Aurore et mettre la main sur la flûte. Elle avait fouillé la maison de fond en comble et était certaine que l'instrument n'y était pas caché, mais elle savait qu'il reviendrait à Alice un jour ou l'autre. Elle avait l'intention d'être là quand cela se produirait. Et s'il lui fallait pour cela se montrer patiente, c'était un petit prix à payer pour posséder la flûte et le pouvoir qui allait avec.

Alice, qui supportait mal le ton doucereux de sa belle-mère, passait de plus en plus de temps seule, sur la tombe de Léa.

– Tu nous as laissées, et maintenant papa nous a abandonnées aussi. Et il ne nous a même pas dit au revoir. Les gens m'abandonnent toujours. Ça ne rime à rien d'aimer quelqu'un s'il doit s'en aller, se lamenta-t-elle, ses larmes laissant une petite traînée sur ses joues. Bon, j'espère quand même que vous êtes heureux tous les deux, sans nous. Et j'espère que papa t'a parlé de Belle. Il ne devait pas t'aimer tant que ça, s'il s'est remarié. Et je pense qu'il ne nous a pas aimées du tout ; sinon, il ne nous aurait jamais laissées à la garde de cette femme.

La fillette fondit en larmes, désespérée. Le petit bouleau se pencha sur elle et ses branches bruissèrent, comme s'il essayait de la consoler.

En rentrant au manoir, elle trouva Aurore et Nico en train de faire des gâteaux avec Belle. Ses deux sœurs avaient les joues roses et Belle leur souriait avec affection.

– Qu'est-ce que vous faites ? chuchota Alice d'un ton sifflant, quand Belle les quitta un instant pour aller dans le cellier.

– Des gâteaux, répondit calmement Aurore.

– Dis plutôt que vous frayez avec l'ennemi, lança Alice, farouche.

Aurore soupira.

– Belle n'est pas notre ennemie, Alice. Elle est la veuve de notre pauvre papa et elle essaie d'être gentille avec nous. Je pense qu'on devrait se montrer agréables avec elle, nous aussi. Après tout, elle a perdu son mari, comme nous avons perdu notre père.

– Oui, renchérit Nico en léchant la cuillère qui servait à remuer la préparation. Elle a beaucoup de chagrin et elle va m'installer une machine à barbe à papa dans ma chambre... Et elle a dit que je pourrais coller des bouchées au chocolat sur mes murs. Oh, et on est très bien sur ses genoux.

Alice n'en croyait pas ses oreilles.

– Elle nous ment, affirma-t-elle. Elle n'est pas vraiment notre belle-mère.

Aurore et Nico échangèrent un coup d'œil.

– Pourquoi voudrait-elle se faire passer pour notre belle-mère ? Qu'aurait-elle à y gagner ? demanda patiemment Aurore.

– Je n'en sais rien ! s'écria Alice avec colère. Peut-être qu'elle veut mettre la main sur notre héritage.

Aurore haussa un sourcil.

– Quel héritage, Alice ?

– Le manoir Eden. Notre maison, répondit la fillette d'un ton bougon.

Nico la regarda avec pitié.

– Le manoir Eden ne vaut rien, Alice. Tu sais aussi bien que moi que c'est plus une charge qu'un avantage.

– Pas pour moi, rétorqua fermement Alice. Pour moi, il est sans prix.

Elle s'éloigna d'un pas furieux.

– Qu'est-ce qui est sans prix ? demanda Belle en émergeant du cellier.

– L'imagination d'Alice, répondit Nico.

Elle mit sa petite main dans celle de Belle, sans remarquer le frisson qui parcourait sa belle-mère.

– Est-ce que ces gâteaux sont prêts à passer au four ? demanda Belle.

– Oui, c'est prêt.

– Alors, Aurore, j'adorerais que tu me montres comment tu ranges le placard à linge, pendant qu'ils cuisent. Ce serait un tel plaisir de voir comment tu t'y prends. Votre pauvre papa savait que je n'aime rien tant qu'un placard à linge bien rangé.

– Vous êtes sûre que ça vous intéresse vraiment ? demanda Aurore, toute guillerette.

– Cela me captive. Je m'intéresse à tout ce qui vous intéresse, les enfants, susurra Belle, comme toutes les bonnes mamans. Venez. En chemin, on te trouvera une souris en sucre, Nico.

Tandis qu'elle poussait les deux sœurs hors de la cuisine, une petite souris pointa son museau hors du chignon de Belle, descendit le long de sa robe et traversa le vestibule. Alice, qui arrivait à ce moment-là, se baissa pour la ramasser, la caressa et chuchota :

– Je parie que tu ne pouvais pas la supporter, toi non plus.

La souris regarda Alice de ses yeux brillants et couina, comme pour acquiescer.

Alice attendit que Belle, Aurore et Nico aient disparu dans le placard à linge et ne risquent plus de la voir. Par la porte entrouverte, elle entendit Aurore expliquer très sérieusement son système de rangement. Elle savait que cela pouvait durer des heures, voire des jours. C'était l'occasion qu'elle attendait pour jeter un coup d'œil au coffret de velours noir. Elle alla sur la pointe des pieds jusqu'à la porte de Belle et tourna la poignée. La porte refusant de s'ouvrir, elle sortit une épingle à cheveux de sa poche et farfouilla dans la serrure. Un déclic se fit bientôt entendre et Alice, satisfaite, put se faufiler dans la chambre. Elle jeta un coup d'œil autour d'elle, mais ne vit l'écrin nulle part. Elle regarda dans l'armoire, sans succès. Sous le lit, rien. Le tiroir de la coiffeuse ne contenait qu'une brosse et un peigne. En dernier recours, elle alla ouvrir le tiroir de la table de nuit et son cœur fit un bond dans sa poitrine. Le coffret s'y trouvait. Elle le prit de ses mains tremblantes, puis jeta machinalement un coup d'œil par la fenêtre. Une silhouette familière remontait l'allée. Elle poussa un petit cri de joie, posa le coffret sur la table de nuit et se précipita dans le couloir.

Devant le placard à linge, Aurore parlait avec enthousiasme de la meilleure façon de ranger les draps et taies d'oreillers. Belle réprimait des bâillements. Nico s'était endormie par terre, le visage collant de sucre rose, et la sorcière avait l'impression d'avoir vieilli de cinq siècles tant elle s'ennuyait. N'en pouvant plus, elle bâilla pour de bon.

– Oh, je suis désolée, je vous ennuie, s'excusa Aurore, blessée.

– Mais non, minauda Belle. Je trouve tout cela passionnant, au contraire.

Elle regarda Aurore dans les yeux.

– Tu sais, je pense que toi et moi, nous sommes des cœurs-frères.

– Vous ne voulez pas dire des âmes-sœurs ?

– Non, des cœurs-frères. Comme si nos cœurs étaient étroitement liés l'un à l'autre.

– Oh, vraiment ? fit Aurore, troublée par cette déclaration inattendue.

Sa perplexité parut blesser Belle. La jeune fille avait beau connaître à peine sa belle-mère, lorsqu'elle vit son air affligé et les larmes qui s'amassaient dans ses yeux d'un bleu de glace, elle éprouva pour elle une bouffée de sympathie. Son cœur tendre se gonfla. Après tout, il ne lui coûterait rien de faire plaisir à Belle. Elle prit ses mains froides dans les siennes.

– Belle, je sais que vous essayez d'être une belle-mère affectueuse pour nous. Je vous aime déjà beaucoup.

– Ainsi, tu m'offres volontiers ton cœur, ma chère Aurore ? demanda Belle avec avidité.

Aurore déglutit. Si elle disait « oui », elle ne serait pas entièrement sincère, mais il serait impoli de dire non. Soucieuse des bonnes manières, elle ouvrit la bouche.

– Si c'est tellement important pour vous, Belle, alors...

Avant qu'elle ait pu achever sa phrase, Alice surgit auprès d'elles.

– Aurore, viens vite, on a de la visite ! annonça-t-elle, les joues roses d'excitation.

Elle entraîna sa sœur au rez-de-chaussée. Nico, réveillée en sursaut, les suivit en se frottant les yeux d'un air ensommeillé. Belladonna resta seule avec le linge, et il valait mieux : elle était si furieuse que de la fumée sortait de ses narines.

Lorsque Alice et Aurore entrèrent en trombe dans la cuisine, leur visiteur frappait déjà à la porte. Aurore alla ouvrir et découvrit Kit sur le seuil. Le jeune homme portait dans ses bras, enveloppée dans du papier brun, une créature affublée d'une tête monstrueuse et d'une immense nageoire caudale qui pendouillait à l'autre extrémité. C'était le poisson le plus gros et le plus laid que les sœurs Eden aient jamais vu.

La flûte revient

Alice recula derrière la pierre tombale de sa mère pour observer Aurore et Kit qui se dirigeaient vers le manoir en se promenant entre les tombes. Elle se sentait abandonnée. Elle avait tenté plusieurs fois de prendre Kit à l'écart pour lui parler de l'étrange arrivée de Belle dans leur vie et de ses soupçons concernant les véritables intentions de sa belle-mère, mais il refusait de s'éloigner d'Aurore. Les deux adolescents n'avaient d'yeux que l'un pour l'autre. Aurore rejeta soudain la tête en arrière pour rire, et l'espace d'une seconde elle ressembla tant à Léa qu'Alice en eut le souffle coupé. La disparition de sa mère lui causait toujours une vive douleur, comme si on lui plantait des épingles dans le cœur. Les deux amoureux s'approchèrent de la tombe de Léa et Alice se tapit dans sa cachette, craignant d'être surprise à les espionner. Ils s'arrêtèrent à quelques pas d'elle et s'assirent dans l'herbe. Timidement, Kit prit la main d'Aurore.

– Je vous aime passionnément, Aurore, mais je suis pauvre, et je ne peux vous demander de m'épouser avant d'avoir fait fortune. J'ai pris une grande décision : avec le peu d'argent que j'ai gagné comme pêcheur, je vais m'établir comme chasseur de dragons. Il paraît qu'au-delà de la forêt des dragons sèment la terreur dans des villes et des villages, et que leurs habitants paieraient cher pour en être débarrassés.

– C'est très courageux de votre part, Kit, murmura Aurore, la gorge serrée, mais c'est une carrière terriblement dangereuse. Ne pourriez-vous plutôt devenir inspecteur des poids et mesures, ou directeur de banque ? Ce serait tellement plus sûr.

– Et plus fade, répondit Kit en souriant.

Il savait que pour Aurore, l'aventure consistait à essayer une nouvelle recette de flan à l'ananas.

– Ce qui ne me fait pas peur ne m'intéresse tout simplement pas, ajouta-t-il.

– Le problème, c'est que moi, presque tout me fait peur, avoua Aurore.

– Quand on s'attend toujours à l'inattendu, on ne peut pas avoir de mauvaises surprises, dit Kit.

Il mit un genou à terre et déclara :

– Aurore Rose Grâce Eden, je ne peux encore vous demander de m'épouser, et je sais que vous ne voudrez peut-être pas m'attendre, mais je reviendrai vous chercher. D'ici là, je vous assure de mon amour éternel et j'espère qu'un jour votre cœur sera vraiment à moi.

Aurore sourit et prit tendrement le visage du jeune homme entre ses mains. Ils étaient si absorbés l'un par l'autre qu'ils ne remarquèrent pas Alice derrière la pierre tombale, ni Belle tapie derrière un arbre.

– Si un jour vous voulez que je vous offre mon cœur, venez le prendre. Je vous le donnerai avec bonheur, Kit.

Un cri semblable à celui d'un oiseau de proie blessé s'éleva derrière l'arbre.

– Qu'est-ce que c'était ? demanda Aurore, effrayée.

– Juste un oiseau, répondit Kit en l'attirant à lui.

Derrière la tombe de Léa, Alice serra les poings. Si Aurore épousait Kit, que deviendraient-elles, Nico et elle ? « Nous trois seules, nous trois ensemble, pour toujours et à jamais. » Aurore répétait sans arrêt cette formule, mais visiblement, elle ne signifiait rien pour elle. Ce n'étaient que des mots vides de sens, puisqu'elle s'apprêtait apparemment à partir avec Kit en abandonnant ses sœurs à l'horrible Belle. Comment Aurore pouvait-elle envisager une chose pareille ! Soudain, le petit monde d'Alice lui parut très fragile, prêt à s'écrouler. Elle s'élança vers la maison, le visage ruisselant de larmes, ignorant les arbres qui chantaient pour elle sur son passage. Si elle avait tendu l'oreille, elle aurait également entendu la musique d'un manège et le bruit cahotant de roulottes, signes que la fête foraine se rapprochait du manoir Eden.

L'énorme poisson rôti fumait sur un plat au milieu de la table de la cuisine. Il avait toujours l'air aussi horrible, mais sentait délicieusement bon. Un arôme à mettre l'eau à la bouche montait de sa peau grillée frottée d'huile d'olive, de sel et piquée de brins de romarin. Aurore l'avait fait cuire au four avec des pommes de terre et des légumes d'hiver. Pour le dessert, elle avait confectionné un flan tremblotant qui tremblotait à merveille.

– Mangeons, dit Belle en se forçant à sourire chaleureusement aux trois sœurs et à leur invité, assis autour de la table.

– Oui, approuva Nico, ou je vais mourir de faim.

Alice avait la mine sombre et elle ne cessait de regarder Kit d'un œil noir.

– Qu'est-ce qui ne va pas, Alice ? Ton visage est si crispé qu'on aurait envie d'y mettre un bon coup de fer à repasser, plaisanta Aurore, pour essayer de la dérider.

C'était la première fois que la jeune fille se sentait heureuse depuis leur expédition à la fête foraine, et elle aurait aimé qu'Alice partage son bonheur. Elle ne comprenait pas pourquoi sa sœur faisait une tête pareille. Entre le rangement du cellier et la préparation du poisson, elle avait cherché Alice, impatiente de lui dire ce qui s'était passé entre Kit et elle. Elle avait exploré toutes ses cachettes habituelles, sans parvenir à la trouver. Elle brûlait pourtant de lui confier ses plans pour l'avenir, quand ils vivraient tous les quatre, heureux, au manoir Eden ! Manifestement, Kit s'absenterait souvent pour aller chasser des dragons et elle n'imaginait pas vraiment que Belle puisse continuer à faire partie de leur vie, mais elle était certaine que tout irait pour le mieux, parce que l'amour venait à bout de tout – sauf peut-être de la varicelle et des taches tenaces.

Aurore prit un couteau et ouvrit avec soin le ventre du poisson. Très concentrée, elle découpa en filets la chair tendre et crémeuse. Alors qu'elle glissait le couteau sous un morceau charnu pour le soulever, elle poussa un cri. Le couteau tomba par terre, projetant des morceaux de poisson sur le tapis. Aurore ne s'en soucia pas : elle fixait avec horreur le trou creusé dans le ventre du poisson. Les autres se levèrent pour mieux voir ce qui l'avait choquée à ce point. Alice scruta le trou et aperçut un objet métallique terni. Lorsqu'elle prit la chose dans sa main, elle sentit un léger picotement et l'objet se mit à danser sur sa paume comme pour lui dire bonjour. Nico glapit, l'air terrorisée, Kit parut secoué et Aurore fondit en larmes.

– La flûte t'a retrouvée, Alice ! C'est incroyable ! s'exclama-t-elle.

– Pas du tout, elle est à moi, déclara Belle d'un ton sec.

Sans laisser à Alice le temps de réagir, elle se pencha, lui confisqua la flûte, la glissa dans un petit sac en velours noir et quitta la pièce.

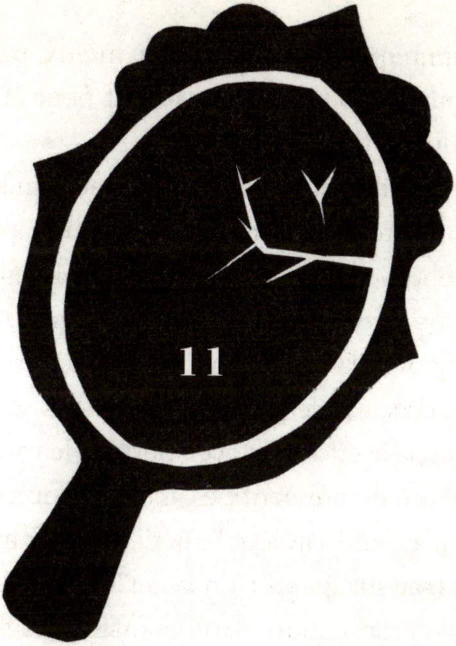

11

Catastrophe

Pendant une seconde, les trois sœurs et Kit, choqués, ne bougèrent pas. Puis Alice s'écria :

– Voilà ! J'ai enfin compris pourquoi cette femme était ici ! Ce n'était pas le manoir Eden qu'elle voulait, c'était la flûte !

Elle s'élança à la poursuite de Belle.

– Où vas-tu, Alice ? cria Aurore.

– Récupérer la flûte, bien sûr !

– Attends ! Elle ne pourra rien en faire. La flûte t'appartient !

Mais Alice montait déjà l'escalier quatre à quatre vers la chambre de Belle. Elle atteignit la porte au moment où sa belle-mère essayait de la fermer et pesa de toutes ses forces dessus. Le battant céda brusquement et elle s'étala à plat ventre dans la pièce. Belle voulut lui jeter un sort, mais Alice roula sur le côté, juste à temps pour l'éviter. Le sortilège atteignit le tapis, où il laissa une petite marque de brûlé.

– Vous êtes une sorcière ! s'écria Alice, stupéfaite.

Bondissant sur ses pieds, elle se jeta sur Belle qui l'esquiva avec une agilité surprenante. Elle claqua la porte, les enfermant toutes les deux dans la chambre, prête à lui jeter un autre sort. Mais ses pouvoirs faiblissaient et elle avait du mal à viser. Le sort ne fit qu'effleurer l'épaule d'Alice, qui trébucha contre la table de nuit. Le petit coffret de velours noir posé dessus tomba par terre et le miroir de Dorian s'en échappa, laissant apparaître ses bords nimbés de fumée bleue. Alice s'en empara et le tint en hauteur. Belle, très pâle, s'affaiblissait de minute en minute. Elle poussa un cri de fureur et tenta de jeter un autre sort, qui tomba sur le tapis comme une vieille balle de tennis sans ressort.

Alice jeta un rapide coup d'œil dans le miroir et vit son visage s'y refléter. « Qu'a-t-il de si spécial ? » se demanda-t-elle. Instinctivement, elle tendit le miroir devant le visage de Belle et frémit en découvrant ce qu'elle y vit : les traits reflétés dans la glace étaient sans conteste ceux de sa belle-mère, sauf que ses lèvres avaient presque disparu, son nez était ratatiné et que les yeux morts, sans paupières, ressemblaient à deux puits gelés. Elle avait l'impression de voir le visage d'un cadavre en train de se décomposer.

– C'est vous ! murmura Alice. C'est ce que vous êtes réellement, immonde sorcière !

En un éclair, elle comprit :

– Et c'est le miroir qui vous rajeunit !

Belle poussa un cri de rage et essaya de reprendre son bien, mais Alice fut trop rapide pour elle. Sa belle-mère lui lança un regard assassin, qu'elle lui rendit au centuple. Absorbées par leur affrontement, elles restèrent indifférentes aux appels d'Aurore, Nico et Kit qui tentaient d'entrer dans la chambre.

– Bon, dit Alice, je pense que le moment est venu de négocier. J'ai quelque chose qui vous appartient et vous avez quelque chose qui m'appartient. Je vous propose d'échanger. La flûte ne vous sert à rien, vous ne pouvez pas l'utiliser.

Des coups de hache retentirent soudain contre la porte.

– Tu me prends pour une idiote ? coassa Belle, dont la peau avait pris une teinte bleutée. Si je te rends la flûte, tu t'en serviras contre moi.

Le bois de la porte commençait à céder.

– Je pense que vous devriez prendre ce risque, susurra Alice. Vous n'êtes pas en position de force. Rappelez-vous que j'ai essayé de me débarrasser de la flûte en la jetant dans la mer. Cet objet vous est inutile et je ne le veux pas particulièrement, tandis que j'ai entre les mains une chose d'une valeur inestimable pour vous et que vous voulez à tout prix récupérer.

Elle leva le miroir au-dessus de sa tête.

– Je peux le briser en mille morceaux, le réduire en poussière, et vous ne pourrez plus jamais l'utiliser.

– Non ! hurla Belle.

– Quand je vous rendrai cette glace, vous devrez partir sur-le-champ et ne jamais revenir.

– Qu'est-ce qui me dit que je peux te faire confiance ?

– Vous devez prendre le risque, répondit Alice, dont le cœur battait la chamade à la pensée de la flûte et de son formidable pouvoir.

Elle songeait qu'elle apprécierait peut-être d'avoir de nouveau le petit instrument, finalement. Elle pouvait l'entendre l'appeler depuis le sac de velours noir que Belle tenait à la main. Soudain, un grand trou apparut dans la porte ; une main passa au travers et tourna la clé.

– D'accord, échangeons, dit Belle désespérée.

Elle tendit le sac à Alice, qui lui tendit simultanément le miroir. La sorcière le saisit, mais alors qu'Alice attrapait le sac, Kit surgit par la porte et la percuta violemment. Le sac valsa et atterrit sur le plancher, hors de sa portée. Profitant de l'occasion, Belle marmonna furieusement une incantation face à son talisman, tandis qu'Alice plongeait pour récupérer le sac. La fillette avait mis la main dessus et essayait de l'ouvrir, quand un sortilège la frappa, ainsi que Kit. Ils furent projetés contre le mur. Belle avait manifestement retrouvé une partie de son pouvoir. Elle ramassa le sac contenant la flûte et le glissa dans sa poche, un méchant sourire aux lèvres.

– Eh bien, dit-elle d'une voix venimeuse, qui est en position de force, maintenant ?

Alice et Kit se relevèrent.

– C'est ta faute ! lança férocement Alice au jeune homme. Si tu n'étais pas intervenu, j'aurais la flûte, en ce moment !

– Mais tu ne l'as pas et c'est moi qui l'ai, dit Belle en riant.

À ce moment-là, Nico apparut sur le seuil de la chambre. Elle avait échappé à Aurore qui tentait de la retenir sur le palier.

– Vous êtes une horrible sorcière et je ne crois pas que notre père vous ait épousée. Alice a raison, vous êtes une menteuse ! cria-t-elle, et elle courut vers Belle en brandissant ses petits poings.

Elle ne réussit pas à l'atteindre. Avec un sourire malveillant, Belle pointa un long doigt osseux sur la petite fille. Une épaisse fumée verte envahit la pièce et, quand elle se dissipa, une grenouille à l'air stupéfait était assise par terre.

– Où est passée Nico ? demanda Aurore d'une toute petite voix.

La grenouille émit un petit coassement et sautilla vers elle.

– Nico, c'est toi ? chuchota la jeune fille, bien qu'elle connût déjà la réponse.

Elle posa sa main ouverte par terre. La grenouille sauta sur sa paume et Aurore réprima un frisson au contact de sa peau visqueuse. Elle approcha la grenouille de son visage.

– C'est vraiment toi, Nico ?

La petite créature coassa, et une larme minuscule roula sur sa figure. Les yeux d'Aurore s'embuèrent.

– Retransformez-la ! cria furieusement Alice.

– Certainement pas, ricana Belle. Et même si je le voulais, je ne le pourrais pas. Le seul moyen de rompre l'enchantement, c'est de trouver un prince pour l'embrasser.

– Mais nous n'en trouverons jamais ! s'écria Aurore, dépitée. Tout le monde sait combien les princes sont rares, dans ce pays. C'est sans espoir !

– Je sais, dit Belle, ravie. C'est bien dommage, n'est-ce pas ?

Avec un cri de colère, Alice se jeta sur la sorcière et la frappa si fort que celle-ci ne comprit pas ce qui lui arrivait. Elle lâcha le miroir de Dorian, qui se brisa en mille morceaux. Au même instant, il y eut un éclair et les cheveux de Belle virèrent de l'ébène au blond terne, tandis que son déguisement se dissipait. Devant eux se tenait la malfaisante Belladonna. Kit la fixa, atterré.

– Vous ! fit-il d'une voix étranglée.

– Qui est-ce ? chuchota Alice, qui tenait Nico sur ses deux mains en coupe.

– C'est Belladonna. La sorcière qui m'a lié à elle par un enchantement, a gelé mon cœur et m'a vendu au docteur Sauvage.

– Exact, jeune benêt ! Je suis de retour et bientôt la flûte sera à moi. Bientôt, je vous gouvernerai tous.

– Pas tant que je serai là ! la défia Alice.

Elle se rua de nouveau sur Belladonna, mais cette fois la sorcière était prête. Rassemblant tout son pouvoir, elle jeta un sort à la fillette qui s'effondra, inconsciente, au milieu des débris du miroir. Nico s'échappa de ses mains.

– Ouille ! dit Kit. J'ai reçu quelque chose dans l'œil.

Mais Nico fut la seule à l'entendre, car Aurore était courbée sur le corps inanimé d'Alice et pleurait à chaudes larmes.

– Vous l'avez tuée ! lança-t-elle à la sorcière, entre deux sanglots.

– Si seulement c'était vrai ! ironisa Belladonna. Hélas, cela dépasse mes pouvoirs pour l'instant. Toutefois, cela suffira jusqu'à ce que je trouve une solution définitive.

La sorcière eut un sourire satisfait et commanda :

– Maintenant, mon garçon, mets-toi à genoux et ramasse tous les morceaux de verre jusqu'au dernier. Je vais reconstituer le miroir. Il sera moins efficace, mais ce sera mieux que rien en attendant que j'obtienne mon nouveau cœur.

Elle coula un long regard à Aurore, qui sanglotait toujours sur le corps inerte d'Alice, inconsolable.

– Je suis entièrement à votre service, lui répondit Kit à voix basse.

La surprise se peignit un instant sur le visage de Belladonna, puis elle regarda le garçon en plissant les paupières et partit d'un rire semblable à des icebergs qui s'entrechoquaient. Elle lui fit signe de venir près de la fenêtre et scruta ses yeux.

– Eh bien, eh bien, dit-elle doucement, peut-être que le bris du miroir est une chance pour moi, finalement. As-tu quelque chose dans l'œil, mon garçon ? demanda-t-elle avec la sollicitude d'une mère.

Kit hocha la tête.

Belladonna eut un sourire ravi.

– Je pense que lorsque nous recollerons les morceaux du miroir, nous découvrirons qu'il manque un minuscule éclat. Il faut espérer qu'il est bien planté dans ton œil et n'en partira pas. Dans quelques jours, il descendra jusqu'à ton cœur, l'enchantement ne pourra jamais être rompu et tu seras de nouveau ma créature, cette fois pour toujours.

Tandis que Kit commençait à rassembler les bouts de verre, Aurore finit par se sécher les yeux et supplia :

– S'il vous plaît, ne soyez pas aussi cruelle. Rendez-nous Nico et laissez-nous partir. Nous nous en irons tous et vous pourrez avoir le manoir Eden.

Belladonna s'esclaffa.

– Tu t'imagines que je convoite cette vieille maison moisie ?

– Je vous donnerai n'importe quoi, tout ce que vous voudrez si vous nous laissez tranquilles, tenta encore Aurore.

Belladonna haussa un sourcil.

– N'importe quoi ?

– Oui.

– Tu me promets de me donner ce que je désire le plus ?

– De quoi s'agit-il ?

– Tu le découvriras bien assez tôt, ma chère enfant, dit Belle.

Aurore se mordit la lèvre. Elle savait qu'il était imprudent de faire une promesse sans savoir à quoi l'on s'engageait. Mais un seul coup d'œil à la pauvre petite Nico changée en grenouille et au corps inerte d'Alice suffit à la convaincre qu'elle promettrait n'importe quoi pour sauver ses sœurs.

– D'accord, dit-elle. Quoi que vous désiriez, vous l'aurez. Je le promets.

Belle poussa un cri de joie et Aurore sentit un frisson glacé lui parcourir l'échine.

12

Petit tour dans les bois

Belladonna parcourut la pièce d'un regard satisfait. Aurore pleurait, Alice était inconsciente, Nico changée en grenouille et le garçon... le garçon était tout à elle. À ce moment-là, Hermès arriva, sifflant d'un air décontracté. Plusieurs loups l'accompagnaient.

– Vous voilà enfin ! Vous avez pris votre temps ! Vous avez raté le meilleur, lança Belladonna, coupante.

Hermès s'inclina très bas.

– Mes plus profondes excuses, dit-il d'une voix flatteuse, mais je vois que Madame a particulièrement bien géré la situation.

– Oui, confirma Belladonna, visiblement ravie. La journée a été très productive, et ce n'est pas grâce à vous.

Elle lui montra la flûte, et les yeux d'Hermès brillèrent d'excitation. Aurore pleurait de plus en plus fort, et Nico se joignit à elle dans une cacophonie de coassements.

– Maintenant que vous êtes ici, vous allez pouvoir vous rendre utile, ajouta Belladonna, sarcastique.

Elle fit une grimace. Tout ce bruit lui donnait mal à la tête.

– Emmenez Aurore et cette maudite grenouille dehors, et faites en sorte que les loups les surveillent, ordonna-t-elle. Puis retrouvez-moi dans la bibliothèque dans une demi-heure.

Malgré leurs protestations, Hermès fit descendre Aurore et Nico dans le jardin, et chargea les loups de monter la garde. Chaque fois qu'Aurore ou Nico essayait de s'éloigner, les fauves grondaient et passaient leur langue rouge sur leurs crocs, comme s'ils se régalaient d'avance d'un délicieux repas.

– J'espère que tu es fort en puzzles ! dit Belladonna à Kit, quand les autres eurent quitté la pièce. Mets-toi à genoux, mon garçon. Tu vas me replacer tous les morceaux du miroir et les recoller.

– Oui, madame, répondit docilement Kit, le visage ravagé par le chagrin.

Au bout d'un long moment, le miroir fut complet, à part le minuscule morceau de verre logé dans l'œil de Kit. Belladonna le saisit avec avidité et se mit à marmonner en scrutant ses profondeurs enfumées.

– Bon, ça ira, déclara-t-elle avec soulagement, jusqu'à ce que j'aie une solution plus durable.

Soudain, Alice gémit, marmonna et ouvrit les yeux. Le sortilège de Belle se dissipait et la sorcière, affaiblie, ne voulait pas gaspiller ses pouvoirs sur cette petite morveuse.

– Bâillonne-la et ligote-la, commanda-t-elle à Kit en lui tendant un foulard et de la corde.

Belladonna se remit à marmonner face au miroir de Dorian, jetant de temps à autre des regards satisfaits à Kit qui changeait peu à peu Alice en un paquet frétillant.

– Voilà, c'est fait, dit le garçon en nouant le dernier nœud.

Alice l'injuria derrière son bâillon, mais aucun son ne filtra. Ses yeux étaient deux charbons noirs étincelants de fureur. Elle espérait que Kit percevait sa haine. Elle avait eu raison de ne pas lui faire confiance, pensa-t-elle, oubliant que c'était parce qu'elle était jalouse de sa relation avec Aurore, et non parce qu'elle doutait de son honnêteté, qu'elle s'était méfiée de lui au départ.

– Bien joué, Kit, approuva la sorcière.

Sa peau avait la couleur cireuse d'un cadavre, ses yeux avaient pâli et ses lèvres étaient bleutées et froides comme de la neige. Le miroir de Dorian, craquelé, avait beaucoup perdu de son pouvoir et pouvait tout juste la maintenir en vie. Elle avait besoin du cœur d'Aurore, il le lui fallait maintenant. Elle s'approcha de la fenêtre pour observer la jeune fille, dans le jardin, qui se penchait vers la mare, Nico dans la main. À ce spectacle, ses yeux prirent une expression affamée de rapace. Elle se tourna vers Kit :

– Je suis enchantée de t'avoir de nouveau à mon service. Tiens cette gamine à l'œil. Je dois m'absenter, mais pas pour longtemps.

Quelques minutes plus tard, Belladonna se laissa tomber péniblement dans un vieux fauteuil en cuir au milieu de la bibliothèque du manoir Eden. La table devant elle était couverte de feuilles de papier griffonnées par Hermès. L'ouvrage intitulé *Prendre un cœur : guide essentiel pour les sans-cœur* était ouvert à la page 11595. Le seul fait de voir le livre irrita la sorcière.

– Je crains, madame, que le guide ne soit très clair sur le sujet, dit nerveusement Hermès. Un cœur ne peut être donné à deux personnes à la fois.

Belladonna poussa un cri rageur et de la fumée sortit de ses narines.

– Vous êtes certaine d'avoir entendu Aurore promettre son cœur à ce garçon *avant* de vous faire sa promesse ?

Belladonna hocha la tête avec colère.

– Le guide est sans équivoque, soupira Hermès en l'ouvrant à la page 7. *Quiconque volera, pour lui ou pour autrui, un cœur humain déjà attribué ou donné selon la règle 917, sous-section 124, périra sur-le-champ.*

– C'est ridicule ! déclara Belladonna, maussade. Les gens devraient pouvoir changer d'avis quand il s'agit de donner leur cœur. Les humains sont connus pour leur humeur capricieuse, et Aurore est comme les autres.

– En fait, c'est possible, madame, dit Hermès, toujours très soucieux. La règle 999 est explicite : le propriétaire d'un cœur, après l'avoir promis à une personne, peut décider n'importe quand de le reprendre pour le donner à quelqu'un d'autre. Mais la note 21 établit clairement que le propriétaire du cœur doit parfaitement savoir ce qu'il fait avant de l'attribuer à une autre personne. Je ne pense pas que la promesse qu'Aurore vous a faite entre dans ce cas de figure. Bien sûr, la situation serait différente si le garçon mourait avant de prendre son cœur...

– Mais oui, nous pouvons le tuer ! Quelle excellente idée ! approuva Belladonna.

Puis elle fit la moue.

– Enfin, ce serait dommage maintenant qu'il est ma créature pour toujours.

Soudain, une lueur rusée fit briller ses yeux.

– En fait, il est déjà comme mort. Ce n'est plus qu'une marionnette dont je tire les fils.

Elle eut un rire mauvais et s'exclama :

– S'il a le droit de prendre le cœur d'Aurore, je n'ai pas besoin de le tuer ! Je peux simplement lui ordonner de le prendre pour moi !

Quelques instants plus tard, Kit alla retrouver Aurore dans le jardin.

– Aurore, chuchota-t-il en lui prenant fermement la main.

– Kit ! Où étiez-vous ? J'étais si inquiète pour Alice et pour vous. Je pensais que Belladonna vous avait tués tous les deux.

– Alice va bien. Je me suis occupé d'elle. Belladonna a dit que le sortilège se dissiperait pendant son sommeil.

– Je ne crois rien de ce que dit cette sorcière, déclara Aurore. Je veux voir Alice.

– Ce n'est pas possible, dit vivement Kit. Belladonna l'a enfermée dans sa chambre. En outre, murmura-t-il, vous devez vous enfuir avec moi dans les bois.

– Je ne laisserai jamais Alice et Nico. Nous trois ensemble, pour toujours et à jamais, affirma farouchement Aurore.

– Nous devons partir, Aurore, insista Kit. C'est notre seule chance. J'ai conçu un plan pour nous sortir tous de là sains et saufs, mais j'ai besoin de votre aide, et cela implique pour l'instant de faire une petite promenade dans les bois.

– Pourquoi ne pouvons-nous pas tous partir maintenant ?

– Parce que Alice est encore assommée par le sortilège. Elle ne sera pas en état de partir avant quelques heures.

– Mais où irons-nous ? demanda encore Aurore.

– Je connais un endroit secret au fond des bois. Vous pourrez bientôt y conduire votre sœur, mais il faut d'abord que je vous montre le chemin.

Il lui pressa doucement la main.

– Vous savez que je ne ferais jamais rien qui puisse vous mettre en danger, vous et vos sœurs.

– Je le sais, Kit, répondit Aurore en lui pressant la main à son tour. Allons-y. Mais nous devons faire vite.

Au même instant, Hermès sortit du manoir et les loups se précipitèrent vers lui en hurlant. Il se mit à leur jeter des morceaux de viande crue, sans voir les deux adolescents cachés derrière un buisson.

– C'est le moment, dit Kit en prenant Aurore par la main et en l'entraînant vers les bois.

Pendant ce temps, les loups grondaient et se disputaient les quartiers de viande saignante. Hermès encourageait leur instinct féroce avec un plaisir pervers.

– Attendez ! protesta Aurore. Je dois dire à Nico où nous allons.

– Nous n'avons pas le temps, déclara fermement Kit. Venez, pendant que les loups sont distraits.

Il l'entraîna derrière lui.

Nico, concentrée sur le spectacle terrifiant du repas des loups, ne se rendit pas compte tout de suite qu'Aurore et Kit s'éloignaient. Elle s'en aperçut juste comme ils disparaissaient entre les arbres. Elle pencha sa petite tête de côté et se demanda pourquoi Kit, qui tenait la main d'Aurore de sa main droite, gardait le bras gauche dans son dos. Lorsqu'elle vit briller une petite dague en argent dans sa main, elle se mit à sautiller après eux aussi vite que ses petites pattes le lui permettaient.

13

Le cœur d'Aurore

Lorsqu'ils arrivèrent dans les bois, Aurore fut surprise par les manières brusques de Kit. Il courait en la tirant derrière lui plus vite qu'elle ne pouvait le suivre. Elle l'observa à la dérobée et lui trouva un air étrange, quoique indéfinissable. Il n'avait rien perdu de sa beauté radieuse, et cependant il avait changé.

– On arrive bientôt ? demanda-t-elle, tandis qu'il l'entraînait au plus profond de la forêt.

Les arbres y étaient si serrés que leurs branches ne laissaient pas passer la lumière. Aucun oiseau ne chantait. Kit tirait toujours la jeune fille sans ménagement, quand ils tombèrent sur un petit chevreuil mort pris dans des ronces. La pauvre bête était couverte de profondes éraflures ; elle avait dû lutter désespérément pour échapper au buisson d'épines qui l'avait piégée. Son sang était encore d'un rouge rubis, signe qu'elle venait de rendre son dernier souffle.

– Oh, le pauvre ! Comme il a dû être effrayé ! s'écria Aurore.

Elle fut choquée de voir que Kit – qui avait d'habitude le cœur aussi tendre que le sien – ne ralentissait même pas.

Quelques minutes plus tard, il la fit entrer dans une caverne humide et froide.

– C'est la cachette secrète dont vous m'avez parlé ? demanda Aurore en frissonnant.

Kit l'entraîna au fond où se dressait un rocher plat, tel un autel de pierre.

– Allongez-vous et fermez les yeux, lui ordonna-t-il.

Aurore hésita, perplexe.

– Pourquoi ?

– Faites-moi confiance, Aurore, lui dit-il simplement.

– Je vous fais confiance, Kit, je vous confierais ma vie, murmura Aurore en s'allongeant sur la pierre.

– Prouvez-le-moi en restant immobile, les yeux fermés.

Aurore mit les mains devant ses yeux et se tint aussi raide qu'une statue.

– Aurore, chuchota alors le jeune homme en levant la dague en argent au-dessus de sa poitrine. Je suis ici pour prendre votre cœur.

– Déjà, dit Aurore en souriant, les yeux toujours fermés. Je pensais que vous vouliez attendre, mais si vous le voulez maintenant, mon très cher Kit, prenez-le tout de suite.

– Je vais le faire ! cria Kit.

Il allait abattre la dague, quand un coassement sonore, semblable à une petite explosion, résonna sous la voûte de la grotte. Aurore bondit sur ses pieds, les yeux écarquillés.

– Nico ! Qu'est-ce que tu...

Elle s'interrompit en voyant Kit, le couteau à la main. Troublée, elle recula d'un pas et le dévisagea.

– Je sais maintenant ce qui est différent en vous, Kit, dit-elle d'une petite voix. J'aurais dû m'en rendre compte. C'est votre œil ! Un de vos yeux est bleu. Cette détestable sorcière vous a ensorcelé. Oh, pauvre,

pauvre Kit, vous êtes aussi captif que ce malheureux chevreuil dans les ronces.

– Elle m'a ordonné de lui rapporter votre cœur, avoua Kit, mortifié. Elle me tuera si je ne lui obéis pas.

Il brandit de nouveau le couteau, mais hésita. Nico en profita pour sauter dans les bras d'Aurore. Kit voulut frapper la jeune fille, mais Nico le prit de court : la petite grenouille enfla brusquement, jusqu'à faire trois fois sa taille, et, visant parfaitement, cracha du poison dans l'œil bleu du garçon. Kit lâcha le poignard et se plia en deux de douleur. Nico coassa encore, et Aurore comprit sans peine le message : « Cours ! » Les deux sœurs s'enfuirent mais, après quelques bonds, Nico s'arrêta et coassa de nouveau. Aurore aurait juré qu'elle disait « Alice ».

– Tu retournes à la maison pour aider Alice ? lui demanda-t-elle.

La petite grenouille hocha la tête.

– Je viens avec toi, décida Aurore.

Nico secoua la tête avec fermeté. Aurore comprit que sa sœur avait raison. Elle devait s'éloigner de Belladonna autant que possible. Elle posa un baiser sur la tête visqueuse de Nico et chuchota :

– Dis à Alice, si tu trouves un moyen de le faire, que nous serons de nouveau ensemble un jour. Nous sommes faites pour être les unes avec les autres.

Nous trois seules, nous trois ensemble, pour toujours et à jamais.

Puis elle tourna les talons et disparut derrière un bouquet d'arbres. Nico retourna vers la petite grotte.

Kit, assis par terre, était toujours plié en deux de douleur. Il tenta de chasser à l'aveuglette Nico qui s'approchait, mais la petite grenouille esquiva sa main et sauta sur son épaule. L'œil bleu de Kit avait rougi sous l'effet du poison, et Nico vit le minuscule fragment du miroir de Dorian briller près de la pupille. En un éclair, elle projeta sa longue langue fine vers son œil et retira l'éclat. Des larmes inondèrent l'œil bleu de Kit, lavant le poison. Peu à peu, ses pleurs s'arrêtèrent.

– Il est parti ! Le morceau de verre est parti ! Oh, merci, Nico, tu m'as sauvé.

La petite grenouille sautillait déjà avec résolution sur le sentier en direction du manoir. Elle avançait à une vitesse surprenante et Kit dut courir pour la rattraper.

– Nico, attends ! Je dois aller trouver Aurore et lui demander pardon, sans quoi je la perdrai pour toujours.

Nico coassa avec colère et secoua la tête. Quand le jeune homme voulut faire demi-tour, elle fit des bonds sur le chemin, devant lui, pour lui barrer le passage. Finalement, il se résolut, avec réticence, à retourner au manoir Eden.

– C'est ridicule, Nico, dit-il, plein d'amertume. Je pourrais encore rattraper Aurore et l'aider. En revanche, si je rentre au manoir sans son cœur, Belladonna va me tuer.

Nico coassa de plus belle pour l'inciter à avancer. Ils arrivèrent peu après à l'endroit où se trouvait le chevreuil mort. Nico s'arrêta et regarda Kit de l'air d'attendre quelque chose.

– Qu'est-ce que tu veux que je fasse ? demanda-t-il. Que je l'enterre ?

Nico fit signe que non et Kit s'assit, la tête dans les mains. Nico sauta alors sur son genou et frotta son museau contre le couteau. Le jeune homme la regarda, puis regarda le couteau.

– Oh, Nico, que tu es futée ! Je te donnerais un gros baiser si tu n'étais pas aussi visqueuse.

Il prit le couteau et s'approcha du chevreuil.

Pendant ce temps, Aurore courait à travers les bois sombres, à moitié aveuglée par les larmes et la peur. Elle avait le souffle court, et les branches des arbres se tendaient vers elle comme des mains griffues. Bientôt, pour couronner le tout, il se mit à neiger ; les gros flocons voletaient autour d'elle. La jeune fille était tellement épuisée qu'elle ne cessait de trébucher sur des branches et des racines, et craignait à chaque instant de rester prisonnière d'un fourré. Elle s'arrêta un moment pour reprendre sa respiration et elle entendit dans le lointain le hurlement d'un loup, à glacer le sang. Elle fit encore quelques pas chancelants pour atteindre enfin une petite clairière. Alors, à bout de forces, elle se laissa tomber dans la neige en haletant.

Quand elle releva la tête, elle aperçut une petite chaumière à la lisière de la clairière. Avec lassitude, elle se redressa et marcha jusqu'à la maisonnette. Sept paires de bottes crottées étaient alignées sous le porche. Malgré son état, Aurore regretta aussitôt de ne pas avoir de cirage sur elle. Aussi silencieuse qu'une souris, elle se mit à quatre pattes et s'approcha prudemment de la fenêtre. Des chants et des éclats de rire résonnaient dans la petite maison. Curieuse, la jeune fille se redressa et regarda à travers la vitre. À l'intérieur, devant un grand feu de cheminée, sept petits hommes au visage aimable et à la mine réjouie dansaient et chantaient. Ils semblaient beaucoup s'amuser, sans se soucier des montagnes de vaisselle sale qui s'amoncelaient dans l'évier. Aurore pressa le nez contre le carreau comme une enfant devant un magasin de bonbons. Ses doigts la démangeaient de faire la vaisselle et d'essuyer la poussière qui recouvrait tout. Soudain, elle remarqua deux petites affiches apposées sur la fenêtre sale. La première était passée et ses bords se retournaient, comme si elle était là depuis des années. On pouvait cependant y lire le message suivant :

Avis de recherche
Le prince Christophe
Alfred Herringbone Alasdair Gregory a disparu.
Sept ans. Très beau. Charmant. Yeux verts.
Petite marque de naissance sur la nuque,
en forme de dragon.
On pense qu'il a été mangé par un dragon,
mais peut-être a-t-il survécu et erre-t-il dans les bois.
Récompense pour toute information.
Écrire confidentiellement au Palais,
1, place du Palais, Quelque Part.

La deuxième affiche, beaucoup plus récente, intéressa davantage Aurore.

Recherchons immédiatement
une femme de ménage
capable de compter jusqu'à sept,
de cirer des bottes, de confectionner

des tartes aux pommes exceptionnelles
et de raconter des histoires le soir.
Rémunération en or massif pour la bonne candidate.
Il est interdit aux candidates précédentes
de se représenter.
(On parle de toi, Boucle d'Or !
Ne reviens pas, nous avons un chien de garde.)

Aurore poussa une petite exclamation ravie. Cette offre tombait à pic. Elle se rendrait utile en faisant la cuisine et le ménage, et resterait à l'abri de Belladonna dans la maisonnette jusqu'à... jusqu'à... Jusqu'à quoi ? Kit n'allait pas apparaître sur un cheval blanc pour la sauver. Il était victime d'un enchantement, comme Nico. Quant à Alice, qui sait ce qu'elle était devenue après avoir perdu connaissance, frappée par le sort de Belladonna ? Peut-être que Kit avait menti et que sa sœur était déjà morte... À cette pensée, la jeune fille eut du mal à réprimer le sanglot qui montait dans sa gorge. Elle se faufila jusqu'à la porte d'entrée. Ses doigts avaient déjà saisi le heurtoir et elle allait le laisser retomber, quand une image lui traversa l'esprit. Elle revit Kit au manoir Eden, lorsqu'il lui avait déclaré son amour. Tous les mots qu'il avait prononcés ce jour-là étaient gravés dans son cerveau et la faisaient souffrir comme une cicatrice douloureuse. Avec une soudaine clarté, elle se rappela une chose qu'il avait dite en particulier : « Ce qui ne me fait pas peur ne m'intéresse tout simplement pas. » Sa main hésitait encore, prête à laisser retomber le heurtoir. Rester là, dans cette maison des bois, serait assez confortable. Mais elle risquait de passer le restant de ses jours à se cacher de Belladonna, en attendant quelqu'un qui ne viendrait jamais. Même si cela lui permettait d'assouvir sa passion pour les travaux ménagers, ce ne serait pas une vie. Une seconde encore, elle hésita. Certes, la forêt la terrifiait, mais peut-être, quelque part dans le monde, trouverait-elle comment rompre les enchantements de Kit et Nico, et sauver Alice. Avec un petit soupir mélancolique, elle reposa le heurtoir sans faire de bruit, et sans un regard en arrière elle courut vers les arbres pour s'enfoncer dans la partie la plus profonde et la plus sombre de la forêt.

14

Le défi

Dans le grenier du manoir Eden, Alice regardait avec intensité la petite souris qui s'était échappée des cheveux de Belladonna. Elle sectionnait les derniers brins de la corde qui lui entravait les pieds. Alors qu'elle venait de perdre tout espoir de se libérer, le rongeur s'était faufilé sous la porte et avait entrepris de grignoter ses liens.

– Merci, merci beaucoup, petite souris ! chuchota la fillette en se mettant péniblement debout.

La souris grimpa au mur et se hissa sur le rebord de la fenêtre en couinant. Alice s'approcha d'elle et regarda dehors, se demandant si elle pourrait se glisser par l'étroite ouverture et descendre le long de la gouttière. Derrière les grilles du manoir, au fond du parc, elle apercevait la fête foraine. « Drôle d'endroit pour installer des manèges », songea-t-elle. Le manoir Eden était loin de tout. Il y aurait très peu de visiteurs. Puis elle vit Kit revenir vers la maison, Nico sautillant derrière lui, et elle se demanda d'où ils venaient. Aurore et Nico s'étaient-elles enfin rendu compte qu'il ne fallait pas se fier au garçon ? Et où était Aurore, d'ailleurs ? Soudain, Alice eut l'impression qu'une pierre pesait au fond de son estomac. Elle avait la certitude qu'Aurore était en danger. Elle tira une vieille boîte jusqu'à la fenêtre et grimpa sur le rebord. Alors qu'elle libérait le loquet, une clé tourna dans la serrure.

Trop tard ! Tandis que Belladonna et Hermès entraient dans la pièce, la souris grimpa le long de la jambe d'Alice et se glissa dans sa poche, où elle fut ravie de trouver la moitié d'un bâton de réglisse et un bout de fromage. La fillette se rua vers la porte, mais Hermès lui barra le passage avec un vilain rictus.

– Allons, Hermès, attachez-lui les mains, dit la sorcière d'un ton irrité. J'ai besoin d'un petit rajeunissement. Il est temps que je passe à table.

En bas, dans la cuisine, régnait une forte odeur de viande grillée. Debout devant le fourneau, Kit surveillait la cuisson d'un morceau de viande dans une poêle. Il était terriblement inquiet à l'idée que Belladonna puisse découvrir sa supercherie avant qu'il ait imaginé un plan pour les tirer de là. Plus longtemps la sorcière croirait qu'il lui avait obéi, plus Aurore pourrait s'éloigner. Quant à Nico, elle pataugeait dans l'évier au milieu de la vaisselle sale, sous l'œil attentif et avide des loups.

– C'est prêt ? lança Belladonna en entrant avec Alice dans la pièce.

– Presque, répondit Kit d'une voix faible.

Il prit soin de ne pas se retourner, de peur qu'elle remarque son œil redevenu vert.

– Ça sent délicieusement bon, dit la sorcière avec gourmandise.

Elle se tourna vers Alice.

– Tu as une petite mine. Je suis sûre que tu dois être affamée.

Alice la regarda, perplexe. Pourquoi Belladonna se souciait-elle de son bien-être, tout à coup ?

– J'ai une idée ! s'exclama la sorcière. Pour décider à qui appartiendra la flûte, je te propose un concours : à qui mangera le plus vite. Celle de nous deux qui avalera le plus de cette viande odorante en soixante secondes possédera la flûte.

Kit laissa échapper une exclamation horrifiée. Belladonna le regarda d'un air soupçonneux, mais elle était trop excitée par son plan pervers pour perdre du temps avec lui. Bientôt, elle aurait un nouveau cœur et la flûte.

– Acceptes-tu le défi, Alice ? Ou préfères-tu un autre concours d'orthographe ? On m'a dit que tu t'étais très bien débrouillée, la dernière fois, contre le docteur Sauvage. Tu aurais gagné si tu n'avais pas fait cette erreur idiote. Ou alors, une compétition de calcul ?

– Où est-elle ? Où est Aurore ? demanda Alice d'un ton buté.

– Oh, elle n'est pas loin. Nous allons te l'amener dans une minute, répondit Belladonna en agitant le bras avec désinvolture. Maintenant, décide-toi. Orthographe, calcul ou nourriture ?

Alice était nulle en orthographe et en calcul. Elle était sûre que la proposition de la sorcière était une ruse, mais au moins, en mangeant, elle aurait une chance de gagner. Aurore la traitait toujours de goinfre parce qu'elle engloutissait la nourriture sans prendre le temps de mâcher. Elle regarda Nico qui faisait des bonds sur le bord de l'évier et paraissait très agitée. Hermès la poussa dans le bac d'un revers de main.

– D'accord, dit la fillette. La nourriture.

Belladonna sortit le sac en velours de sa poche et fit glisser la flûte au milieu de la table. L'instrument semblait étrangement vivant et Alice sentait qu'il l'appelait en silence. Elle devait empêcher Belladonna de s'en emparer, à n'importe quel prix. Mais la sorcière lui avait lancé un défi et elle n'avait pas le choix : soit elle cédait la flûte, soit elle prenait part à la compétition pour essayer de la conserver. C'était la règle. Avec un petit soupir, elle s'assit en face de Belladonna. De toute sa vie, elle n'avait jamais eu aussi peu d'appétit.

– Un concours de nourriture, donc, dit la sorcière. C'est un excellent choix. La symétrie rotatoire est un tel casse-tête...

Elle fit signe à Hermès de détacher Alice et lui demanda d'apporter des assiettes et des couverts.

– Quand pourrai-je voir Aurore ? s'enquit encore Alice, méfiante.

– Dans quelques secondes, répondit Belladonna avec un sourire malveillant. Sers-nous la viande, Kit.

Le jeune homme posa la poêle au milieu de la table, à côté de la flûte. Alice lui lança un regard méprisant, mais il garda les yeux baissés. Il prit un couteau et, d'une main tremblante, il coupa le morceau de viande en deux moitiés égales. Il en posa une moitié dans l'assiette de Belladonna et l'autre dans celle d'Alice. La viande était encore un peu saignante, et Alice plissa le nez : rien que l'odeur lui donnait la nausée. Quant à la sorcière, elle paraissait de plus en plus décrépite, même si elle ne cessait de marmonner devant son miroir. Hermès sortit un sifflet et le porta à ses lèvres.

– Attention, prêts, partez !

Un sifflement strident envahit la cuisine. Sans perdre une seconde, Alice coupa un gros morceau de viande, l'enfourna et se mit à mâcher. La viande était très dure, et la fillette regretta d'en avoir pris un si gros morceau. Elle était incapable de déglutir. Elle mastiqua frénétiquement et coupa un deuxième morceau avant d'avoir avalé le premier. Puis elle s'aperçut que Belladonna n'avait même pas saisi ses couverts. Elle se contentait de la regarder, un vilain petit sourire retroussant ses lèvres bleutées. Elle se pencha en avant et murmura :

– Oh, j'ai oublié de te dire. C'est le cœur d'Aurore que tu manges.

Alice ouvrit la bouche. Avec un cri terrible, elle cracha dans son assiette le morceau qu'elle n'avait pas réussi à avaler et vacilla sur sa chaise comme si elle allait s'évanouir. Ses yeux formèrent deux grandes flaques noires dans le masque blanc de son visage. Belladonna esquissa un autre sourire venimeux et coupa un petit bout de viande. Elle le mit dans sa bouche, le mâcha et l'avala.

– Mmm. Je me sens déjà mieux, dit-elle. Merci beaucoup, Kit, de m'avoir apporté ce cœur. On peut vraiment compter toi.

Le cri de fureur d'Alice se mêla aux coups de sifflet d'Hermès et au hurlement désespéré de Kit. L'idée qu'Alice le croie responsable de la mort d'Aurore lui était insupportable, mais il devait cacher la vérité à Belladonna le plus longtemps possible.

– Le temps s'est écoulé, déclara Hermès d'un ton triomphant. Je déclare Madame gagnante. La flûte lui appartient désormais de plein droit.

D'une main, Belladonna prit l'instrument qui vibra et dansa dans sa paume comme pour saluer sa nouvelle propriétaire ; de l'autre, elle fourra avec empressement la viande saignante dans sa bouche. Du sang coulait sur son menton et le long de son cou, mais Alice ne le remarqua pas. Elle était plongée dans un abîme de chagrin et de désespoir. Aurore était morte, et une partie d'elle-même s'était éteinte avec sa sœur. Elle fut tirée de sa transe par la rage qu'elle éprouvait envers Kit : une rage qui flambait en elle comme un feu de forêt. Il avait tué Aurore et lui avait pris son cœur ! Elle se jeta sur lui tel un feu follet et le frappa de toutes ses forces. Il tomba à la renverse, heurtant Belladonna qui lâcha la flûte sur le carrelage. Soudain, la pièce s'emplit de cris, de grondements et de hurlements. Profitant de la confusion, Nico bondit dans la mêlée, prit la flûte dans sa bouche et, d'un saut spectaculaire, franchit la fenêtre de la cuisine avec son butin.

– Rattrapez-la ! hurla Hermès aux loups, qui le renversèrent en se ruant vers la porte.

En deux foulées, les fauves rejoignirent Nico dans l'allée. Elle sentait leur souffle et entendait claquer leurs mâchoires. Elle fit un bond sur le côté pour échapper à leurs crocs acérés. Ses petites pattes la faisaient terriblement souffrir et la flûte lui brûlait les lèvres. Elle savait que c'était, pour l'instrument, une façon de lui dire qu'il était mécontent d'avoir été arraché à sa propriétaire, mais elle s'efforça de l'ignorer. Au bout de l'allée, elle se faufila entre les baraques de la fête foraine, toujours talonnée par les loups, et s'engouffra dans la Salle des Miroirs. Les fauves la suivirent en jappant d'excitation, convaincus de tenir leur proie. Puis ils s'arrêtèrent brusquement, nez à nez avec une douzaine d'énormes loups aux babines écumantes, hauts comme des armoires et affublés chacun de deux têtes. Lorsqu'ils montrèrent leurs dents, les étranges loups géants firent de même. Alors, terrifiés, ils firent demi-tour et filèrent se réfugier dans la forêt en gémissant. Nico, satisfaite, les regarda tranquillement s'éloigner. Puis, avec précaution, car elle était toujours brûlante, elle reprit la flûte qu'elle avait posée à côté d'elle et s'en alla en sautillant.

Dans la cuisine, le chaos régnait toujours tandis que Belladonna, indifférente, achevait de dévorer le cœur. Cependant, elle s'étonnait de ne pas sentir encore les signes du rajeunissement de son propre cœur. Or, elle ne sentait rien. Sa peau était toujours fripée et bleuâtre, et elle était aussi fatiguée que si elle n'avait pas dormi depuis un siècle. Peut-être devait-elle manger le cœur en entier pour en sentir le bénéfice ? Elle prit une autre bouchée. De son côté, Hermès parvint à se relever, mais fut de nouveau renversé par Kit qui le percuta, poursuivi par Alice qui lui donnait des coups de poing furieux. « Qu'ils se battent, se dit la sorcière. Bientôt, je récupérerai tous mes pouvoirs et je m'occuperai d'eux... Et je suis sûre que la vilaine petite grenouille ne fera pas le poids face à mes loups, mes beautés. » Elle mangea encore un morceau de viande et il lui sembla que la magie fonctionnait enfin. Elle sentait une douleur dans sa poitrine, près de son cœur. Oui, elle était certaine que quelque chose se produisait ! Elle allait retrouver tout son pouvoir et sa beauté. Ce n'était plus qu'une question de minutes.

Kit fonça vers la porte de la cuisine, Alice sur ses talons.

– Tu as tué ma sœur et je vais te tuer ! glapit la petite fille.

– Je ne l'ai pas tuée, s'écria Kit, désespéré.

Il ouvrit la porte.

– Viens, Alice, sortons d'ici et rattrapons Nico avant que les loups ne la mangent.

Au passage, il donna un violent coup de pied à Hermès qui tentait de nouveau de se relever. Le domestique retomba par terre, le souffle coupé.

Belladonna avala le dernier morceau du cœur. Elle se sentait toute bizarre.

– Ils s'enfuient ! Jetez-leur un sort ! cria Hermès.

La sorcière se leva. Elle éprouvait une drôle de sensation, mais c'était le moment ou jamais d'essayer ses nouveaux pouvoirs. Elle pointa les doigts vers Kit et Alice en marmonnant une incantation. Il y eut un petit « plop » et son sort tomba par terre, où il se ratatina et forma une petite flaque collante. Belladonna fit un nouvel essai. Cette fois, rien ne sortit de ses doigts. Ses genoux flanchèrent et elle s'affala sur sa chaise.

Pendant ce temps, Kit essayait en vain de faire sortir Alice.

– Tu as tranché le cœur de ma sœur ! hurlait la fillette, hors d'elle. Tu es aussi infect que Belladonna !

– Non, Alice ! rétorqua Kit, au désespoir.

Il comprit qu'il devait lui dire la vérité.

– Je n'ai pas tué Aurore ! cria-t-il, se moquant que Belladonna l'entende. Ce cœur était celui d'un chevreuil. Aurore est vivante.

Il y eut un petit silence chargé d'électricité. Leurs yeux se croisèrent et chacun retint son souffle. Alice devina que Kit disait la vérité. Elle le prit par le bras et le tira dehors.

– Viens, Kit, dépêche-toi, on a assez traîné ! dit-elle avec un grand sourire.

Ils traversèrent la pelouse en courant en direction des bois. Dans la cuisine, Hermès se remit lentement debout en tressaillant de douleur. Il osait à peine regarder Belladonna. Une expression incrédule peinte sur le visage, la sorcière ne cessait de marmonner deux mots comme si elle refusait de les croire : « Chevreuil » et « cœur ». On l'avait trompée ! Elle lâcha un rot sonore et une douleur aiguë lui vrilla l'estomac, sous les côtes. Probablement le début d'une terrible indigestion ! Fébrile, elle fouilla dans sa poche pour en tirer le miroir de Dorian craquelé et le fixa un long moment en marmonnant. Il lui fallait rassembler le maximum de forces. Elle n'avait pas réussi à obtenir le cœur d'Aurore cette fois, mais la prochaine serait la bonne.

Elle regarda Kit et Alice s'enfuir vers les bois, et haussa les épaules.

– Ils n'iront pas loin. La flûte ne sera d'aucune utilité aux sœurs Eden. Elle m'appartient, désormais, et fera son possible pour me revenir. Si je ne me sentais pas si vieille et si malade, j'adorerais leur courir après.

De pire en pire

Alice et Kit étaient assis par terre dans la forêt. Ils essayaient de reprendre leur souffle.

– Il faut que je retrouve Nico, annonça Alice.

– Il faut que je retrouve Aurore, déclara Kit.

Alice lut du désespoir dans ses yeux.

– Il faut qu'on les retrouve toutes les deux, conclurent-ils en chœur.

– Je suis désolée, Kit, enchaîna Alice, mal à l'aise. Je t'ai mal jugé. J'ai vraiment cru que tu avais tué Aurore.

– Ne t'excuse pas, Alice, répondit tristement le jeune homme. Tu avais raison de me mépriser. Je n'ai pas tué ta sœur, c'est vrai, mais j'ai failli le faire. Et j'ai tué son amour pour moi.

Il raconta à la fillette l'enchantement dont il avait été victime et ce qui s'était passé dans la forêt. Alice l'écouta, les yeux écarquillés et la bouche pincée. Elle savait au fond de son cœur que ce n'était pas la faute de Kit mais, en un éclair, sa jalousie et sa rancœur refirent surface et l'empêchèrent d'être objective. Elle se rendait compte qu'elle était méchante et injuste, mais elle ne put s'empêcher d'exprimer ses pensées :

– Ainsi, tu as essayé de tuer Aurore et, voyant que tu n'y arrivais pas, tu l'as abandonnée dans la forêt ?

Kit hocha la tête d'un air penaud. Alice se leva, les yeux étincelants.

– Alors, c'est comme si tu l'avais tuée, asséna-t-elle d'un ton sifflant. J'avais raison, Kit : tu n'apportes que du malheur à Aurore, et elle est trop bonne pour toi. Tu ne mérites pas son amour. Ne t'approche plus d'elle ni de nous. Tu nous causes sans arrêt des ennuis. C'est toi qui as rapporté la flûte et c'est ta faute si mes deux sœurs ont probablement fini dévorées par des loups. Alors, s'il te plaît, va-t'en et ne reviens plus. Je ne veux jamais te revoir et, si Aurore est encore vivante, elle ne le voudra pas non plus.

Sur ces mots, Alice s'éloigna d'un pas décidé, laissant Kit seul. Il s'effondra sur le sol et se prit la tête dans les mains. Il avait perdu Aurore pour toujours et, sans elle, la vie ne valait pas d'être vécue. Et ce n'était pas seulement Aurore : les trois sœurs Eden représentaient pour lui la seule famille qu'il ait jamais eue, aussi loin qu'il s'en souvienne. Il se sentait à présent terriblement seul. Il aurait voulu se blottir entre les racines d'un arbre, s'endormir et ne jamais se réveiller. De gros flocons de neige se mirent à tomber. Kit avait fermé les paupières, quand il sentit quelque chose tirer sur la jambe de son pantalon. Ouvrant les yeux, il vit une petite souris blanche, qui couinait avec insistance comme pour l'entraîner plus profond dans les bois. Le jeune homme se pencha.

– Essaies-tu de me dire quelque chose ? demanda-t-il.

La souris hocha la tête, couina et sauta de sa main pour s'élancer sur un sentier. Kit la suivit. Même s'il devait chercher jusqu'au bout de la Terre, il retrouverait Aurore et ferait tout pour la reconquérir.

Alice s'arrêta sous un grand arbre. Devait-elle aller à la recherche d'Aurore, ou essayer de trouver Nico ? Laquelle était le plus en danger ? Aurore, qui serait terrifiée d'être seule dans la forêt, ou Nico, qui pouvait si facilement être écrasée sous sa forme de grenouille et qui, en plus, avait chipé la flûte ? La fillette soupira. Tous leurs problèmes venaient de cet instrument de malheur. Elles ne seraient pas en sécurité tant qu'il ne serait pas détruit. Elle inspira à fond et reprit la direction du manoir Eden, essayant de ne pas imaginer Aurore nez à nez avec un loup.

Elle était presque à la lisière des bois, quand elle entendit des craquements dans un fourré voisin. Une fraction de seconde plus tard, Zeus bondit joyeusement sur elle et lui lécha le visage comme un gros chiot. Alice caressa sa crinière.

– Désolée, Zeus, je n'ai rien à te donner à manger.

Le lion secoua la tête pour lui montrer que ça lui était égal et la lécha de plus belle. Ses beaux yeux tendres rappelèrent à Alice le regard d'Aurore. Et tout à coup, il lui vint une idée. Si elle ne pouvait retrouver tout de suite sa sœur et la protéger, elle pouvait peut-être envoyer quelqu'un qui s'en chargerait.

– Zeus, dit-elle, voudrais-tu faire quelque chose d'important pour moi ?

Le lion pencha la tête de côté et acquiesça vigoureusement pour montrer qu'il comprenait.

– Il faudrait que tu trouves Aurore, ma sœur, celle qui fait les madeleines que tu aimes tant. Elle est perdue quelque part dans les bois et je voudrais que tu la protèges pour moi. Mais évite de te montrer, car elle aura peur d'un lion qu'on ne lui a pas convenablement présenté. En gardant tes distances, tu pourras quand même veiller sur elle. Me rendrais-tu ce service ?

Zeus hocha de nouveau la tête. Il était prêt à tout pour Alice et plus encore pour sa sœur, qui faisait ces délicieuses madeleines. Il poussa un petit rugissement, histoire de montrer qu'il n'était pas peureux – même si en réalité il l'était et trouvait, comme Aurore, la forêt absolument terrifiante. Puis il tendit une patte à Alice, comme pour sceller un pacte. Elle la secoua solennellement, puis le regarda disparaître dans les bois.

La fillette se remit à marcher, ignorant la boule désagréable qui s'était logée dans son estomac lorsqu'elle avait quitté Kit avec fureur. Au loin, à travers les flocons de neige, elle aperçut les cheminées du manoir Eden. Elle se dit alors qu'elle n'y vivrait peut-être plus jamais. Une page s'était tournée : ses parents étaient morts, ses sœurs dispersées. En approchant, elle vit et entendit de nouveau la fête foraine. La musique du manège lui parut sinistre et elle nota avec surprise que les attractions fonctionnaient malgré l'absence de clients. Elle frissonna, mais se rappela brusquement un commentaire de Nico, lors de leur fâcheuse expédition à la foire. Sa sœur avait dit que ce serait un bon endroit pour se cacher. Nico était une petite fille très intelligente, et elle avait sûrement choisi de se cacher juste sous le nez de leurs ennemis. Forte de cette idée, Alice se dirigea vers la fête.

16

Danger sur la grande roue

Alice traversa la fête foraine avec méfiance, guettant Belladonna du coin de l'œil. La grande roue tournait lentement, des gloussements et des ricanements sinistres venaient du train fantôme chaque fois que les portes s'ouvraient, et les chevaux du manège montaient et descendaient sur la musique qui se répétait inlassablement. L'air sentait les hot-dogs et les oignons, mais la foire était déserte. Il n'y avait personne pour donner les tickets et aucun client. Dans d'autres circonstances, Alice aurait peut-être été ravie de pouvoir faire des tours gratuitement, mais ces attractions qui tournaient mystérieusement l'effrayaient. C'était comme si tout l'endroit était enchanté et attendait son arrivée. Elle craignait de tomber dans un piège, mais elle devait courir le risque. Elle se dirigea à la hâte vers le train fantôme et monta dans un wagon, qui se mit aussitôt en mouvement. Le cœur au bord des lèvres, la fillette franchit les portes et pénétra dans l'obscurité. Ses yeux s'accoutumèrent bientôt à la pénombre et elle chercha en vain un signe de Nico. Elle retint son souffle en approchant de l'endroit où le miroir allait apparaître. Elle se demandait si elle allait apercevoir une grenouille affolée dans ses profondeurs, mais elle ne vit que la femme suppliante enchaînée à l'intérieur pour l'éternité.

Elle sauta du train en marche lorsqu'il eut accompli un tour du circuit et se précipita vers la Salle des Miroirs. Elle passa et repassa devant les miroirs, espérant voir sa sœur s'y refléter. Chacun lui renvoyait une image d'elle-même, mais c'était une Alice qu'elle ne reconnaissait pas, une drôle de fille qui semblait se moquer d'elle et de ses tentatives pour retrouver

Nico. Au bord des larmes, Alice se précipita hors de la tente. C'est alors qu'elle le vit : le stand *Attrapez une grenouille* se dressait au bout d'une allée, juste en face d'elle. Elle se ruait dans cette direction, lorsqu'elle aperçut Belladonna. La sorcière se dirigeait également vers le stand, arrivant de la direction opposée. Elles se rencontrèrent de chaque côté de l'attraction et se fusillèrent du regard. Sans un mot, elles prirent chacune une épuisette pour essayer de capturer les petites grenouilles assises sur leur nénuphar. Belladonna en sortit une de son filet, l'examina et rejeta la petite bête en plastique avant de replonger son épuisette dans l'eau. Alice étudia avec attention les grenouilles immobiles. Elle était certaine que Nico se cachait parmi elles. Il fallait juste qu'elle l'attrape avant Belladonna. Elle crut soudain voir frémir l'une des grenouilles et s'en empara, mais ce n'était pas Nico. Déçue, elle replongea son épuisette, encore et encore, tout en surveillant à la fois les grenouilles restantes et la sorcière, qui pêchait frénétiquement.

Il ne resta bientôt plus que cinq grenouilles sur la mare. Belladonna en attrapa une, Alice une autre. Toujours pas de Nico. Trois grenouilles attendaient encore d'être pêchées. La sorcière et Alice s'observaient pour tenter de deviner le prochain mouvement de l'adversaire. Belladonna attrapa le batracien le plus proche avec un petit cri de triomphe, puis elle grogna en constatant qu'il était en plastique. Il n'y avait plus que deux grenouilles à l'apparence rigoureusement identique, perchées sur leur faux nénuphar. Alice et Belladonna se tinrent immobiles, comme deux duellistes avant l'assaut final. Alice fixa les grenouilles, suppliant Nico de lui faire un signe discret. Mais les deux grenouilles étaient figées. Soudain, du coin de l'œil, elle aperçut un petit éclair vert dans le stand de barbe à papa voisin. Elle brûlait de tourner la tête pour mieux regarder, mais elle craignait d'attirer l'attention de Belladonna. Plus elle observait les deux grenouilles restantes, plus elle était convaincue qu'aucune n'était réelle et que Nico se cachait ailleurs. Un stand de barbe à papa, c'était bien le genre d'endroit où cette gourmande de Nico avait pu se réfugier.

Belladonna observait Alice, les paupières plissées, attendant qu'elle bouge. La fillette se mordit la lèvre. Soudain, elle enfonça son filet dans l'eau et attrapa une grenouille, en un mouvement si fluide et si rapide qu'elle prit la sorcière de court. Elle sortit la grenouille de l'épuisette, cria joyeusement « Nico ! », la prit dans ses mains jointes comme s'il n'y avait rien de plus précieux au monde et partit en courant. Malgré son piteux état, Belladonna s'élança derrière elle, ainsi qu'Alice l'espérait. Elle l'entraîna vers le toboggan, le plus loin possible du stand des grenouilles et de celui de barbe à papa. Puis elle cria : « Désolée, Nico ! » et lança la grenouille en plastique de toutes ses forces. Comme elle le souhaitait, Belladonna fonça vers la grenouille et Alice fit demi-tour pour rejoindre le stand de barbe à papa. À son vif soulagement, Nico était là, faisant le guet derrière une barbe à papa toute fraîche. Elle bondit sur l'épaule de sa sœur et laissa tomber la flûte dans sa poche. Alice la sentit immédiatement vibrer et brûler, tandis qu'un murmure insistant se logeait dans sa tête, lui ordonnant de rendre la flûte à Belladonna. Elle ferma son esprit à la petite voix ensorcelante et se concentra sur leur fuite. Entre-temps, la sorcière s'était aperçue que la grenouille en plastique était un leurre et avait envoyé deux loups sur les traces des sœurs.

Alice passa en flèche devant le train fantôme et le toboggan, les loups à ses trousses. Ils gagnaient rapidement du terrain, et elle entendait déjà leurs mâchoires claquer joyeusement. Elle accéléra, mais les animaux l'imitèrent et elle comprit qu'elle serait bientôt renversée par un de leurs corps puissants, avant de sentir des dents pointues s'enfoncer dans sa chair. Un fauve, plus leste que l'autre, bondit en avant et arracha un morceau de sa jupe ; le deuxième jappa. La fillette, qui avait mis Nico dans sa poche, courut à perdre haleine vers la grande roue et, rassemblant ses dernières forces, elle sauta dans l'une des nacelles qui montaient vers le ciel. Les loups, surpris, s'arrêtèrent en hurlant de dépit. Au bout de quelques minutes, las d'attendre en vain leur dîner, ils décampèrent.

Alice respirait difficilement. La roue faisait des à-coups et s'arrêtait de temps à autre avant de poursuivre sa course. La fillette regarda au loin les lumières de la ville du Joueur de Flûte qui clignotaient, puis scruta les bois sombres. Elle pensa à Aurore, seule et perdue quelque part dans la forêt. Soudain, elle s'avisa que Nico, qui était sortie de sa poche, faisait des bonds frénétiques sur la barre de protection. Elle regarda en bas. Leur siège commençait à redescendre et, au pied de la grande roue, l'air insouciant, Belladonna les attendait, flanquée de son fidèle serviteur. Alice regarda désespérément autour d'elle. En sautant dans la nacelle, elle n'avait songé qu'à les sauver, Nico et elle, du danger immédiat que représentaient les loups. Mais à présent il lui apparaissait qu'elle n'avait fait que se précipiter dans un autre pétrin. Elle soupira, et la flûte la harcela de nouveau.

– Écoute, Nico, dit-elle d'une voix lasse. Donnons la flûte à Belladonna. Elle lui revient, après tout. La compétition n'était peut-être pas honnête, mais elle l'a gagnée. Une fois qu'elle aura la flûte, elle nous laissera peut-être tranquilles et nous pourrons recommencer à vivre en paix au manoir Eden.

Alice ne croyait pas un mot de ce qu'elle disait. Elle savait que, si Belladonna mettait la main sur la flûte, il n'y aurait de paix et de tranquillité pour personne. Mais elle savait aussi que ses sœurs et elle ne pouvaient pas passer leur vie à fuir. La sorcière les poursuivrait inlassablement. Nico fit des bonds sur ses genoux en coassant avec colère. Contrairement à Alice, elle ne semblait pas prête à renoncer. Alors que la nacelle s'approchait du sol, l'odieux sourire de Belladonna décida finalement la fillette à agir. Malgré ses membres douloureux, elle se hissa par-dessus la barre de sécurité, Nico sur son épaule, et s'enfila dans la structure intérieure de la roue. Puis elle grimpa d'une poutrelle à l'autre dans le sens contraire de la rotation. Nico n'apprécia pas la vue vertigineuse qu'elle avait de son perchoir et sauta dans la poche de sa sœur. En bas, Belladonna poussait Hermès dans le dos, de ses longs doigts osseux. Contrarié, le serviteur dut se résoudre à escalader à son tour les poutrelles et fit preuve d'une agilité surprenante. Alice allait vite, mais elle était épuisée et Hermès gagnait du terrain. La fillette avait l'impression que ses jambes étaient en coton, mais les coassements de Nico l'aiguillonnaient. Si seulement elle pouvait arriver en haut de la roue, redescendre de l'autre côté serait plus facile. Elle reprenait son souffle, quand Hermès lui saisit la jambe. Elle lui décocha un coup de pied qui faillit l'atteindre au visage et suffit à lui procurer un minuscule avantage. Elle se hissa tant bien que mal jusqu'au sommet de la roue. Hermès essaya encore de l'attraper, mais elle lui donna un autre coup de pied. En équilibre précaire, elle avait un peu le vertige. Hermès parvint à son tour à la cime du manège et tous deux s'agenouillèrent, s'efforçant de garder leur équilibre tandis que la roue tournait. Leurs yeux se rencontrèrent une seconde, puis Hermès poussa rudement Alice, qui bascula en arrière dans le vide. Elle battit des bras et des jambes comme pour voler, mais elle plongeait inexorablement vers le sol. Elle eut à peine le temps de songer que, dans un instant, tout serait terminé. Nico et elle s'écraseraient dans l'allée et Belladonna n'aurait qu'à prendre la flûte sur son corps sans vie. Une image d'Aurore et de leur mère ensemble – toutes deux si belles et si ressemblantes – flotta une seconde devant ses yeux. Étrangement paisible, elle se prépara au choc, heurta quelque chose d'élastique et s'envola de nouveau avant de retomber. Alors qu'elle rebondissait une deuxième fois, Alice ouvrit la bouche, frappée de stupeur. Elle n'était pas morte ! Au lieu de cela, elle s'élevait et retombait sur un énorme trampoline. Après plusieurs bonds, elle s'immobilisa, hors d'haleine. Allongée sur le dos, elle leva les yeux vers la grande roue et vit Hermès redescendre lentement. Belladonna s'avançait avec difficulté, ses jambes craquant à chaque pas. Elle n'avait pas assez d'énergie pour penser à leur jeter un sort. Alice s'assit et effleura Nico dans sa poche. La petite grenouille, bien qu'enchantée d'être en vie, avait l'impression d'avoir reçu une montagne sur le dos. Puis la fillette se leva. Ce n'était pas le moment de traîner, elles devaient se cacher quelque part. Apercevant la tente constellée de petites étoiles brillantes, Alice s'y précipita.

Quand Hermès rejoignit Belladonna, la sorcière l'accabla de reproches.

– Vous les avez laissées s'échapper. C'est très négligent de votre part.

– Oui, madame. Je me rattraperai, madame.

Elle lui jeta un regard noir.

– Je l'espère bien, ou ce sera très fâcheux pour vous. Restez ici et attrapez-les. Moi, je vais dans les bois chercher le garçon et la sœur aînée. J'ai besoin de son cœur sans attendre. Sans lui, il ne me reste que peu de temps à vivre. Lorsque je l'aurai obtenu, je m'occuperai des deux autres.

– Madame doit être prudente, lui rappela Hermès en tirant de sa poche son exemplaire fatigué de *Prendre un cœur : un guide essentiel pour les sans-cœur*. Sous la règle 21877, paragraphe 5, il est dit...

– Je me moque de ce que dit le guide, le coupa Belladonna. La fille m'a promis ce que je voudrais, et je veux son cœur. Rien ne m'arrêtera. Je tuerai ce vaurien de garçon et toute la famille s'il le faut.

Hermès la regarda partir, puis se retourna vers la fête foraine au moment où Alice se volatilisait dans les airs.

17

La quête

Alice entra en courant dans la tente, Nico bondissant derrière elle. À l'intérieur, le plafond de toile, semblable à une voûte étoilée, diffusait un éclat doux et magnifique. Une femme assise derrière une grosse boule de cristal se leva et vint à la rencontre des deux sœurs.

– Ah ! Alice et Nico, murmura-t-elle. Je vous attendais.

Elle souleva les foulards roses qui couvraient son visage et les filles reconnurent Nanette, qu'Alice considérait comme sa marraine et bonne fée. C'était grâce à son aide et celle de son courageux poney, Poivre, qu'elle avait pu sauver ses sœurs et échapper aux griffes du docteur Sauvage.

– Nanette ! s'écria-t-elle en se jetant dans les bras ouverts de la jeune femme.

Nanette l'étreignit et la fillette huma son parfum d'ananas caramélisé qui lui rappelait Léa. Pendant un moment, son cœur se serra, plein de nostalgie à la pensée de sa maman disparue. Puis Nanette prit Nico dans sa main et posa un baiser sur sa petite tête de grenouille. Nico se blottit avec bonheur dans sa paume.

– Vite, Nanette ! s'écria Alice. Nous sommes poursuivies par Belladonna, une sorcière. Cachez-nous, s'il vous plaît !

– Calme-toi, lui répondit Nanette d'un ton apaisant. Je viens de voir Belladonna quitter la foire. Et de toute façon, cette tente est enchantée – nous sommes les seules à la voir. Vous êtes en sécurité ici.

Nico fit une petite danse et coassa quelque chose qui ressemblait à : « Dans ce cas, on n'en bouge plus. »

– Que faites-vous ici ? demanda Alice à Nanette.

– Je suis venue vous aider, répondit simplement la jeune femme. Belladonna ne reculera devant rien pour obtenir le cœur de votre sœur et la flûte.

Alice sortit l'instrument de sa poche. Le petit objet en fer-blanc était terne.

– Ainsi, elle t'est revenue, Alice, dit tristement Nanette. J'espérais qu'elle ne ressortirait jamais de la mer. Le temps passant, je commençais à croire que nous ne la reverrions plus. Mais la flûte trouve toujours le moyen de retourner à son propriétaire.

– Sa propriétaire, c'est Belladonna, maintenant, dit Alice.

Elle raconta l'arrivée de la sorcière et de Kit au manoir Eden, la compétition de nourriture et comment ils avaient perdu Aurore.

– Raison de plus pour t'en débarrasser une bonne fois pour toutes, déclara Nanette.

– Je veux bien, mais comment ? demanda Alice.

– Il n'existe qu'un seul moyen. Tu dois la rendre à la personne qui l'a lâchée dans le monde pour la première fois.

– Mais elle doit être morte depuis des siècles ! s'exclama Alice, l'air perplexe.

– En effet, confirma Nanette.

– Alors, comment puis-je la lui rendre ? s'impatienta la fillette.

Elle luttait pour faire taire le chant de sirène de la flûte, dans sa tête, qui lui disait d'ignorer Nanette.

– Ce n'est pas possible !

– Si, c'est possible.

– Comment ? insista Alice.

Nanette posa sur elle des yeux gris pleins de tristesse.

– Tu dois traverser le monde des morts pour gagner le Pays de Non Retour. La première propriétaire de la flûte s'appelle Pandore. Elle la remettra dans sa boîte, qu'elle n'aurait jamais dû quitter. Pandore ne s'est jamais pardonné de l'avoir laissée échapper. La flûte a causé des guerres et des souffrances dans le monde entier. Lorsqu'elle sera de retour dans sa boîte du monde souterrain, elle devra y rester pour l'éternité.

– Et moi ? murmura Alice. Je devrai rester là-bas pour l'éternité, aussi ?

Les larmes aux yeux, Nanette avoua :

– Rares sont ceux qui reviennent, mais j'ai entendu dire que c'était possible.

– Si je comprends bien, je risque de mourir en route ?

– C'est une possibilité, répondit doucement Nanette.

– Et si je refuse d'y aller ?

– C'est à toi de voir, Alice. Tu n'es pas obligée de le faire. Personne ne t'y forcera. Mais tant que la flûte restera ici, ta famille sera en danger et nous tous aussi. Si Belladonna s'en empare, personne ne sera en sécurité. Elle pourra contrôler jusqu'aux étoiles de l'univers et se servir de son pouvoir pour tous nous réduire en esclavage.

– Alors, en réalité, je n'ai pas le choix, dit Alice d'un ton amer.

– Encore une fois, Alice, c'est ta décision. Personne ne te condamnera si tu refuses d'entreprendre cette quête.

– Si je n'essaie pas et si Belladonna récupère la flûte, je le regretterai éternellement, rétorqua Alice avec colère. Comme cette pauvre Pandore, mes remords n'auront pas de fin.

Soudain, une petite souris blanche traversa la tente, grimpa le long de la jambe d'Alice, se jucha sur son épaule et lui mordilla gentiment le cou.

– Cette souris, tu la connais depuis longtemps ? demanda Nanette avec curiosité.

– Elle est arrivée avec Belladonna, expliqua Alice. Elle vivait dans ses cheveux, mais elle n'avait pas l'air de l'aimer. Elle a essayé de m'aider à m'échapper quand Belladonna a ordonné à Kit de me ligoter.

– Intéressant, murmura Nanette.

Elle se pencha et couina quelque chose. Les petits yeux de la souris étincelèrent et elle couina bruyamment en retour. Nanette répondit par une série de cris.

– Nanette, je ne savais pas que vous parliez souris ! s'exclama Alice, admirative.

– Oh, je parle ce langage assez couramment, admit la jeune femme, mais cela demande pas mal d'efforts. Pour moi, parler chouette ou poisson rouge est beaucoup plus facile.

– Dommage que vous ne parliez pas grenouille, observa Alice.

– C'est terriblement difficile. J'ai essayé de l'apprendre, sans succès. Je n'ai pas réussi à parler dragon, non plus.

Sur ces mots, Nanette se remit à discuter avec la souris.

Au bout d'un moment, elles se turent. Nanette se tourna vers Alice.

– Ta souris me dit qu'elle a vu Aurore dans la forêt. Nous savons donc qu'elle est toujours vivante. Mais elle a aussi vu Belladonna, pas loin derrière elle.

– Nous devons absolument retrouver Aurore, déclara Alice en pivotant pour partir.

– Oui, approuva Nanette. Il se peut que tu croises l'entrée du monde souterrain sur ton chemin, ajouta-t-elle d'un ton détaché. Et qui sait, tu rencontreras peut-être aussi un prince pour embrasser Nico et rompre l'enchantement.

– Où se trouve l'entrée du monde souterrain, exactement ?

– Elle se déplace sans cesse, répondit Nanette. Mais je te conseille d'aller jusqu'à un endroit appelé Quelque Part. C'est tout près de Nulle Part, et je suis certaine que tu y trouveras Aurore.

– Vous ne venez pas avec nous ? demanda Alice.

– Hélas, non. J'ai beaucoup d'autres choses à faire et je ne suis pas au mieux de ma forme.

Alice dévisagea Nanette et s'avisa qu'en effet elle avait le teint gris et les traits tirés. Puis elle remarqua que la frange de la jeune femme cachait une longue éraflure sur son front.

– Nanette, vous êtes blessée ! Que vous est-il arrivé ? s'écria-t-elle en enlaçant son amie.

– Ce n'est rien, répondit Nanette d'un ton léger, juste une collision malencontreuse avec une balle. Mais cela suffit à m'empêcher de vous accompagner. Je vous reverrai bientôt, j'espère, et je vais vous aider à vous échapper d'ici. Lorsque vous sortirez de la tente, vous serez visibles aux yeux d'Hermès. Prenez garde à l'éviter. Allez au manège, vous y trouverez de l'aide.

Nanette embrassa encore Alice et Nico, en prenant soin de ne pas écraser la petite grenouille. Une fois de plus, être dans les bras de Nanette rendit Alice très nostalgique et lui rappela sa mère. Nanette jeta un coup d'œil à l'extérieur et scruta attentivement les alentours. Hermès n'était pas dans les parages.

– Allez-y, les pressa-t-elle.

Puis elle ajouta doucement à l'intention d'Alice :

– Je sais que tu prendras la bonne décision. J'ai confiance en toi comme si tu étais ma propre fille. Regarde bien la route devant toi et, surtout, ne te retourne pas. Tu risquerais de trébucher.

Nico perchée sur son épaule, Alice sortit en courant de la tente et traversa en zigzag la fête foraine en direction des bois. Elle atteignait le stand des grenouilles quand elle entendit des pattes marteler le sol derrière elle. Elle était repérée ! Elle envisagea un instant de regagner la tente de Nanette. Mais lorsqu'elle regarda en arrière, celle-ci avait disparu.

Elle courut vers le manège, sauta sur la plate-forme et se faufila entre les chevaux aux couleurs vives qui montaient et descendaient dans un éternel galop circulaire. Qu'avait donc voulu dire Nanette ? Qu'y avait-il sur le manège qui puisse l'aider ? Alors qu'Hermès et les loups atteignaient le carrousel, elle entendit un hennissement. Elle découvrit alors que le cheval le plus proche d'elle n'était pas en bois comme les autres, mais fait de chair et d'os, avec une belle robe brun foncé, une queue splendide, une crinière sombre et des yeux marron très expressifs.

– Poivre ! s'écria-t-elle en saluant le beau poney du Connemara, un vieil ami.

Elle sauta sur sa selle.

Poivre était le poney de Nanette, et il avait combattu avec courage à leurs côtés dans leur lutte contre le docteur Sauvage l'année précédente. Il hennit joyeusement et quitta le manège au galop en direction des bois, les premiers loups à ses trousses. Les fauves étaient déterminés, mais Poivre était plus rapide, si bien qu'il ne tarda pas à semer leurs poursuivants.

Le poney fila comme le vent jusqu'au cimetière, à la lisière des bois, où il s'arrêta devant la tombe de Léa. Il hennit et gratta le sol de son sabot comme s'il attendait quelque chose. Alice se laissa glisser à terre et s'agenouilla près de la pierre tombale. Nico sauta de son épaule, s'éloigna en sautillant et se mit à attraper des mouches avec sa langue.

– Que dois-je faire ? chuchota Alice en étreignant le petit bouleau. Je veux emporter la flûte dans le monde souterrain pour qu'elle ne puisse plus faire de mal, mais j'ai si peur...

Des larmes roulaient sur ses joues. Le vent agitait les branches des arbres et soudain Alice crut entendre la voix de sa mère dans la brise.

– Viens à moi, Alice. Viens à moi, lui disait Léa. Je voudrais te voir une dernière fois.

Le vent tomba et le silence envahit le cimetière. Alice se releva. Elle souriait.

– Viens, Nico, dit-elle. Nous avons du travail : il faut trouver Aurore avant Belladonna et rapporter la flûte dans le monde souterrain.

18

De mal en pis

Aurore ouvrit les yeux et battit des cils. La dernière chose qu'elle se rappelait, c'était d'avoir éprouvé l'impression d'être suivie. Elle s'était alors retournée et avait vu un lion. Ainsi Betty, du bureau de poste, avait dit vrai ! Puis tout était devenu noir et à présent, alors qu'elle aurait dû être allongée par terre, fixant la gueule d'un lion affamé, elle était couchée dans un lit, dans une chambre inconnue. Elle parcourut la pièce du regard, remarquant le fourneau bien astiqué, les rideaux à carreaux rouges et blancs, et le miroir si étincelant que son œil acéré ne put y détecter une seule trace. Au mur étaient accrochées une photo encadrée et dédicacée d'une jolie adolescente coiffée d'une couronne, ainsi qu'une lettre manuscrite :

Chère Mère-Grand Capuchon,

Je ne vous souhaite aucun bonheur dans votre retraite, après vos années de bons et loyaux services comme cuisinière au Palais. C'est très méchant de votre part de partir pour passer plus de temps avec votre petite-fille, alors que vous auriez pu en passer davantage avec moi. Vous êtes la seule à savoir préparer mon lait chaud du soir exactement comme je l'aime. Vous allez me manquer, et vos doubles brownies au chocolat nappés de caramel chaud me manqueront encore plus, surtout parce que chaque bouchée me rappelait mon pauvre frère disparu qui les aimait tant. Vous pouvez venir reprendre votre place quand vous voudrez : j'ai reçu 1 927 candidates pour vous remplacer, mais aucune ne faisait des brownies comparables aux vôtres. Je vais sûrement mourir de faim.

Bien à vous, royalement et en ronchonnant,

Son Altesse Royale la Princesse, le Palais, 1, place du Palais, Quelque Part.

Aurore sourit.

La princesse avait tout l'air d'être une petite madame autoritaire et capricieuse. Et Mère-Grand Capuchon, décida-t-elle, devait être une personne exceptionnellement gentille pour la supporter. Elle promena encore son regard dans la pièce et admira l'importante collection de pierres peintes à la main, de différentes tailles, posées sur la cheminée. Mère-Grand Capuchon était visiblement une artiste en plus d'une excellente ménagère, autant de qualités qu'Aurore appréciait. Elle songea qu'elle aimerait la rencontrer.

La jeune fille se dressa sur son séant et se retrouva face à face avec une vieille femme. Son bonnet était tout de travers et une étonnante raie brune séparait ses cheveux gris au milieu. Elle remit sa coiffe en place et sourit gentiment.

– Je m'appelle Mère-Grand Capuchon, dit-elle. Tu t'es évanouie dans la forêt. Une chance que je sois arrivée à temps, sinon tu aurais été mangée par des bêtes sauvages, ce qui aurait été bien dommage. Tu veux boire quelque chose ?

– J'aimerais beaucoup un verre de lait chaud, répondit Aurore.

– Je crains de ne pas savoir préparer ça, dit Mère-Grand.

– Ah bon ? fit Aurore, étonnée. Mais vous n'en faisiez pas tout le temps pour la princesse ?

– La princesse ? répéta Mère-Grand, l'air perplexe.

– Celle qui vous employait comme cuisinière au Palais.

– Ah, oui, la princesse. Que je suis bête.

La vieille femme eut un petit rire qui ressemblait à un grognement.

– J'oublie tout.

Se sentant désolée pour elle, Aurore se leva et alla se préparer elle-même un lait chaud. Elle se demanda si le travail de Mère-Grand Capuchon comme cuisinière du Palais ne l'avait pas trop fatiguée.

– Tu aimerais prendre un bain ? lui demanda la vieille.

– Oh, oui, s'il vous plaît, accepta Aurore avec enthousiasme.

Elle était convaincue que faire une longue trempette dans un bain chaud pouvait tout arranger, sauf peut-être les ongles incarnés et les gouttières bouchées.

– Je t'en ai préparé un pendant que tu dormais, avec mon infusion spéciale d'herbes aromatiques, dit Mère-Grand.

– Vous êtes trop aimable, fit Aurore en se rendant dans la salle de bains.

Elle se laissa glisser avec bonheur dans l'eau chaude. Un parfum de citron et de romarin flottait autour d'elle.

– Ça sent très bon ! lança-t-elle à la vieille femme à travers la porte. On dirait la marinade que j'utilise pour le barbecue.

– Oui, répondit Mère-Grand. Ça te rendra aussi douce et tendre qu'un agneau de lait. J'espère bien que tu resteras pour le déjeuner.

– Je vous aiderai à le préparer, dit gentiment Aurore en s'essuyant avec une serviette moelleuse. Je suis une très bonne cuisinière, même si je suis sûre que vous pourriez m'apprendre deux ou trois choses. Et je meurs de faim.

– Moi aussi, dit Mère-Grand.

Dans la cuisine, Aurore admira le poêle luisant et les casseroles étincelantes.

– J'ai une idée ! s'écria-t-elle. Si l'on confectionnait vos doubles brownies au chocolat nappés de caramel chaud ?

– Je ne me souviens pas de la recette, déclara la vieille.

– Elle doit être là-dedans, suggéra Aurore en prenant sur l'étagère un recueil écrit à la main et intitulé *Recettes spéciales de Mère-Grand*.

La vieille femme sourit en dévoilant les dents les plus grandes et les plus pointues qu'Aurore ait jamais vues. Ces crocs l'inquiétèrent un peu, mais elle s'efforça de penser à autre chose.

– Voilà, fit-elle en trouvant la recette. Oh ! ça a l'air délicieux.

– Toi aussi, tu parais délicieuse, observa la vieille femme.

Aurore la regarda fixement et remarqua son menton poilu, ses mains semblables à des griffes.

– Vous n'êtes pas Mère-Grand Capuchon, vous êtes un loup ! s'écria-t-elle, la gorge serrée. Où est la pauvre vieille dame ? Qu'en avez-vous fait ?

Elle fonça vers la porte.

– Je dois partir. Merci de votre hospitalité.

– Tss-tss, pas si vite ! fit le loup en lui barrant le passage.

Il se lécha les babines et sourit à Aurore.

– Je suis tellement content que tu aies pris un bain. J'aime que ma nourriture soit bien lavée et bien marinée avant la cuisson.

Des larmes montèrent aux yeux d'Aurore ; elle trouvait terriblement déprimante l'idée de figurer au menu du dîner de quelqu'un. « Au menu ! » Soudain, elle eut une idée.

– Comment prévoyez-vous de me préparer ? demanda-t-elle.

– Le plus rapidement possible, répondit le loup. Je n'ai pas fait de vrai repas depuis des jours. Je suis affreusement mal nourri. C'est un gros problème pour les personnes âgées comme moi.

– Je comprends, approuva Aurore. Il vous faut au moins trois plats à chaque repas et une ration supplémentaire de pudding pour rester en forme.

– En effet, dit le loup d'un air chagriné. Mais je n'arrive jamais à confectionner trois plats. Couper les ingrédients en morceaux m'ennuie et je déteste attendre que ça mijote.

– Je sais, dit gentiment Aurore. Faire la cuisine peut être très fatigant. Mais si vous voulez, je pourrais vous préparer votre déjeuner...

– Vraiment ? Comme c'est gentil de me le proposer. Mais comment feras-tu pour te cuisiner toi-même ?

– Ça risque d'être assez délicat, admit Aurore, qui s'était mise à couper une tomate, du basilic et un oignon tout en faisant griller du pain. Je vous propose d'en discuter en déjeunant.

Elle frotta de l'ail sur les toasts, empila les légumes dessus et enfourna une tartine dans la gueule du loup.

– C'est exquis, dit-il. Je peux en avoir une autre ?

– Bien sûr ! Mangez tout, proposa Aurore en jetant un coup d'œil dans le garde-manger bien garni. Ensuite, si vous voulez, je vous ferai du potage aux champignons, puis des spaghettis à la bolognaise et de la tarte au citron meringuée en dessert.

– Je pourrai avoir deux parts de tarte au citron ?

– Oui, et même trois, répondit Aurore.

– Dans ce cas, dit le loup, je vais te garder pour mon dîner. J'aime bien avoir des provisions d'avance. C'est si désagréable d'être à court.

Aurore se dépêcha de préparer le repas, et bientôt le loup fut attablé devant un vrai festin. Il avala tout jusqu'à la dernière miette, y compris quatre parts et demie de tarte au citron meringuée. Puis il rota bruyamment à trois reprises et s'installa dans le fauteuil à bascule pour faire sa sieste. Au bout de quelques minutes, il s'endormit profondément et se mit à ronfler. Quand elle fut certaine qu'il dormait, Aurore se faufila jusqu'à la porte. Hélas, les gonds n'avaient pas été huilés depuis longtemps et la porte grinça affreusement lorsqu'elle essaya de l'ouvrir. Réveillé en sursaut, le loup bondit de son fauteuil, saisit Aurore par un bras et la tira en arrière.

– Tu n'essayais pas de partir, ma jolie ? lui demanda-t-il avec méfiance. Qu'est-ce que j'aurais mangé pour le dîner ?

Il sourit avec méchanceté, et Aurore vit de plus près qu'elle ne l'aurait aimé deux rangées de dents aiguisées comme des rasoirs.

– Mon Dieu, murmura-t-elle faiblement. Quelles dents tranchantes vous avez !

– C'est pour mieux te manger, mon enfant, gloussa le loup. Et à ce propos, n'est-ce pas bientôt l'heure du goûter ?

Sur ces mots, il se rendormit. Aurore attendit d'entendre ses ronflements pour aller examiner la petite fenêtre de la cuisine, mais elle était bien trop étroite pour la laisser passer. La seule issue était la porte d'entrée. La jeune fille comprit alors qu'elle devrait se montrer patiente. Elle tisonna le feu et s'affaira dans la cuisine. En se réveillant de sa sieste, le loup était de nouveau affamé. Aurore lui servit du potage à la tomate, une omelette aux champignons et du gâteau au fromage blanc. Le loup se régala et, repu, décida de manger Aurore le lendemain. Après chaque repas, il annonçait à la jeune fille qu'il la mangerait au repas suivant et, quand celui-ci arrivait, Aurore avait toujours préparé un autre délicieux festin, que le loup gourmand ne pouvait refusait. Aurore cuisinait comme si sa vie en dépendait – ce qui était le cas –, mais les provisions du cellier commençaient à s'amenuiser. Elle savait qu'elle devrait absolument s'échapper avant qu'il n'y ait plus rien, sous peine de figurer au menu. Mais comment sortir de la maison et s'enfuir ? Les gonds grinçants faisaient échouer toutes ses tentatives et, même si elle parvenait à franchir la porte, elle était sûre que le loup – malgré son grand âge – la rattraperait facilement. Elle s'en inquiétait, un jour, en coupant des morceaux de beurre pour confectionner un chausson aux pommes et aux abricots, quand elle eut une illumination. Du beurre ! Pourquoi n'y avait-elle pas pensé plus tôt ?

Par la fenêtre de la cuisine, Aurore voyait le loup rôder dans le jardin. Pendant que sa pâte reposait, elle entreprit de faire la poussière au salon. Elle mettait un point d'honneur à garder la chaumière aussi impeccable que l'avait laissée Mère-Grand Capuchon, sa vraie propriétaire, sûrement dévorée par le loup qui voulait prendre sa place. Elle souleva l'un des cailloux décorés pour épousseter dessous. La pierre était petite, mais lourde. Aurore la retourna dans sa main et soudain elle eut une idée. Elle courut à la cuisine, prit la pâte et en aplatit un morceau. Puis elle mit un peu de pommes et d'abricots au milieu, glissa la pierre dedans et rabattit la pâte par-dessus pour former une bouchée. Elle en prépara rapidement d'autres, à l'identique, puis elle confectionna quatre pâtés à la viande et aux rognons, cachant une pierre dans chacun d'eux. Lorsqu'elle eut terminé, elle fit cuire ses fameuses madeleines au chocolat, chacune contenant une pierre.

– Est-ce que je vais te manger pour mon dîner ? demanda le loup en rentrant.

– J'ai quelque chose de bien plus délicieux à vous proposer, répondit Aurore en plaçant une assiette chaude devant lui.

Au milieu d'une flaque de sauce trônait l'un des pâtés à la viande et aux rognons. Le loup l'attrapa et, malgré sa taille, n'en fit qu'une bouchée.

– En voulez-vous d'autres ? lui demanda Aurore.

Le loup hocha la tête. Il dévora ainsi tous les pâtés et la purée qui les accompagnait, puis engloutit tous les chaussons aux pierres. Il repoussa son assiette et déclara, avec un soupir satisfait :

– Je suis rassasié !

– Oh, quel dommage ! dit Aurore d'un ton aimable. J'ai fait des madeleines, celles que vous aimez tant.

La gourmandise fit briller les yeux du loup.

– Bah, je ne suis peut-être pas aussi rassasié que je le pensais, déclara-t-il. Je dois pouvoir en manger une...

Finalement, il en mangea douze, les avalant si gloutonnement qu'il ne remarqua pas les pierres. Quand il eut léché les dernières miettes sur son menton velu, il fit un énorme rot et se dirigea lourdement vers le lit. Son ventre était si distendu que les pressions de sa robe sautèrent dans son dos. Il se glissa sous la courtepointe en dentelle.

– Tu sais, ma chère, ce repas était un peu lourd. Un régime plus léger me conviendrait mieux. En fait, je crois que le moment est venu que je te mange. Prépare-toi pour mon petit déjeuner, demain matin. Si tu ne le fais pas, je serai obligé de te croquer toute crue. Ce serait dommage...

Après lui avoir souhaité une bonne nuit, le loup se mit à ronfler. Aurore attendit que sa respiration devienne régulière, puis elle mit quelques madeleines (sans pierres) dans sa poche, prit un morceau de beurre et s'avança vers la porte. Elle enduisait les gonds de matière grasse, quand le loup poussa un ronflement sonore et se retourna. Aurore se figea, mais la respiration de l'animal redevint bientôt plus régulière. Elle se remit au travail et, quand elle jugea que les gonds étaient bien graissés, elle tira la porte avec précaution. Celle-ci s'ouvrit sans bruit, et Aurore se sauva à toutes jambes dans la forêt.

De mal en pis

Elle n'était pas très loin, quand une rafale de vent poussa la porte qui se referma en claquant. Tiré d'un rêve où il se repaissait de petits garçons – un peu durs et nerveux –, le loup s'assit dans son lit et fit un autre rot. Il s'aperçut aussitôt qu'Aurore était partie. Avec un grondement furieux, il bondit hors du lit et s'élança à sa poursuite. Hélas pour lui, les pierres logées dans son ventre gonflé le ralentissaient, et il ne put que gronder de rage en voyant son petit déjeuner disparaître entre les arbres. Il suivit Aurore à la trace et arriva au bord d'une rivière tumultueuse juste à temps pour voir la jeune fille grimper le long de la rive opposée. Il plongea dans l'eau, mais les pierres l'entraînèrent au fond, et il sombra immédiatement sans laisser de traces.

Belladonna retrouve Aurore

La tête dans les mains, Kit était assis sur un arbre tombé au milieu de la forêt. Il n'avait trouvé aucune trace d'Aurore. Un jour, il avait cru voir un lion disparaître entre les arbres et, pendant la nuit, il avait assisté à une scène encore plus étrange : un loup coiffé d'un bonnet qui se noyait dans la rivière. Mais il n'avait pas rencontré un seul être humain depuis qu'il s'était arrêté dans une maisonnette où vivaient sept frères de petite taille, mais fort robustes. Ces hommes, qui travaillaient sous terre pour extraire de la roche de l'or et des métaux précieux, n'avaient pas vu Aurore, mais ils l'avaient bien reçu. Ils avaient régalé Kit de saucisses, de purée et de tarte à la mélasse et à la crème. En échange, le jeune homme avait ciré leurs bottes et trouvé un moyen ingénieux, à l'aide de couleurs, pour différencier leurs sept brosses à dents identiques, afin d'éviter la confusion et les bagarres dans la salle de bains à l'heure du coucher. Les sept frères l'avaient supplié de rester avec eux pour tenir leur maison, mais Kit avait secoué tristement la tête et était reparti avec lassitude à la recherche d'Aurore. Parfois il croyait l'entendre appeler, mais c'était toujours un chevreuil effrayé qui faisait demi-tour et s'enfuyait à son approche, avec dans les yeux la même expression blessée que celle d'Aurore quand elle avait vu le couteau dans sa main. Même s'il la retrouvait saine et sauve, comment lui pardonnerait-elle jamais ? Comment pourrait-il jamais se pardonner ? Être victime d'un enchantement une fois pouvait passer pour de la malchance, mais laisser une chose pareille se produire une seconde fois, c'était la preuve d'un grave défaut de caractère, non ? Alice avait peut-être raison, il devrait se tenir éloigné d'Aurore. Il se demanda si sa famille l'avait abandonné parce qu'il était né sous une mauvaise étoile. Fatigué, il se leva et se remit en route, les jambes douloureuses et l'estomac noué.

Non loin de là, Aurore était assise elle aussi sur un arbre couché et grignotait une madeleine. Elle entendit soudain craquer une branche et regarda anxieusement autour d'elle. De nouveau, elle était certaine d'être suivie. D'autres brindilles craquèrent tout près, et elle entendit que l'on écartait des branches, comme si une créature gigantesque tentait de se frayer un chemin jusqu'à elle. Aurore avait failli être mangée assez souvent, maintenant, pour savoir qu'il était imprudent d'attendre pour voir si l'on figurait effectivement au menu. Elle jeta sa madeleine et partit en courant, agitant les bras comme un oisillon paniqué.

Zeus le lion sortit d'un fourré juste à temps pour voir Aurore disparaître entre les arbres. Il n'avait pas dormi depuis que la jeune fille avait disparu, convaincu qu'il avait échoué à veiller sur elle et qu'elle avait été mangée par un loup ou avait eu un terrible accident. Heureux de la voir saine et sauve, il se jura de ne plus la perdre de vue. Avec un petit bond joyeux, il s'élança à sa suite, s'arrêtant seulement pour manger le reste de la madeleine abandonnée.

Aurore se fraya un chemin entre des ronces qui éraflaient son beau visage et des branches qui essayaient de la retenir. Autour d'elle, les arbres frémissaient et murmuraient comme s'ils parlaient d'elle avec méchanceté. Il se remit à neiger. La jeune fille frissonna et soudain elle entendit un cri désespéré.

– Au secours ! À l'aide !

Sans hésiter, Aurore se tourna dans la direction du cri et s'enfonça résolument entre les arbres. Une vieille femme, dont elle ne voyait que le dos, était courbée en deux dans des ronces, apparemment prise au piège.

– Aidez-moi, je vous en prie, ou je vais mourir ici ! cria-t-elle encore, d'une voix faible.

Aurore se rappela le pauvre chevreuil qu'elle avait vu, prisonnier d'un autre buisson, et courut aider la vieille femme. Arrivée près d'elle, elle constata que c'était une vendeuse ambulante : son panier contenant de jolis peignes et une belle pomme rouge était renversé par terre. Elle vit aussi au premier coup d'œil que la marchande n'était pas vraiment en difficulté, mais elle devina que la panique et la faiblesse l'empêchaient de se libérer seule. Elle se hâta d'écarter les branches qui la retenaient.

– Voilà, dit-elle d'un ton apaisant.

Elle tendit une main pour aider la vieille femme voûtée à sortir du buisson.

La vieille marchande se redressa un peu, même si son dos était encore aussi tordu qu'un vieux pommier. Puis sa capuche glissa, et Aurore se retrouva face à Belladonna. Sa bouche forma un petit « O » de surprise et elle recula, atterrée. Elle n'était pas seulement suffoquée de rencontrer la femme qui avait essayé de la tuer et de prendre son cœur, mais aussi de voir le visage ravagé de la sorcière. On aurait dit celui d'un cadavre ayant déjà passé un mois dans la tombe. Malgré elle, Aurore éprouva une bouffée de sympathie pour cette créature brisée. Belladonna la regarda, les paupières mi-closes.

– Tu parais choquée, ma chère, dit-elle d'une voix qui grinçait comme une clé dans une serrure rouillée. Crois-moi, je me choque moi-même chaque fois que je me regarde dans mon miroir. Moi qui étais autrefois si fière, si forte et si belle, je ne suis plus qu'une enveloppe en décomposition. Le miroir de Dorian me conserve en vie, mais ce n'est qu'un simulacre de vie. Depuis qu'il a été brisé et a perdu un morceau, son pouvoir a beaucoup faibli.

Aurore recula de plusieurs pas.

– Vous voulez mon cœur, murmura-t-elle.

Belladonna poussa un long soupir qui ressemblait à un râle d'agonie.

– Je le voulais, admit-elle en regardant Aurore d'un air rusé. Mais plus maintenant, ma chère. C'est trop tard pour moi. Ton cœur ne me servirait plus à rien. J'utilise simplement les forces qui me restent pour retourner dans les montagnes où je mourrai sans être pleurée, sans être enterrée et sans laisser de souvenir. Les oiseaux me picoreront les yeux et les loups rongeront mes os.

– Comme c'est triste ! dit Aurore, et son cœur tendre fondit comme du beurre laissé au soleil.

– Oui, déclara Belladonna en lui jetant un bref coup d'œil en coin, mais j'ai mené une vie si odieuse que ce n'est pas surprenant. Tout de même, avant de mourir, je serais consolée si je savais que tu m'as pardonné les terribles torts que je t'ai causés.

– Bien sûr que je vous pardonne ! assura Aurore avec bienveillance.

– Ah, dit Belladonna, tu es aussi belle dedans que dehors.

Et tandis qu'elle lançait un regard brûlant à la mince silhouette d'Aurore, elle se lécha involontairement les lèvres.

– Je me demande si tu voudrais m'accorder une grande faveur. S'il te plaît, prends cette pomme que je t'offre et mange-la. Cela signifierait beaucoup pour moi, cela symboliserait ton pardon et scellerait notre nouvelle amitié.

Aurore regarda la pomme. C'était le plus beau fruit qu'elle ait jamais vu, vert d'un côté et rose de l'autre. Elle en avait l'eau à la bouche. Elle tendit la main pour la saisir, mais un éclair victorieux dans les yeux de Belladonna la fit hésiter. La sorcière poussa un autre soupir rauque.

– Oh, ma chère, dit-elle, je comprends parfaitement que tu te méfies de moi. Pourquoi me ferais-tu confiance après tout ce que j'ai fait à ta petite famille ? Je suis une très, très méchante sorcière. La pire du monde. Même si tu me pardonnais, je ne pourrais jamais me pardonner moi-même.

Une larme roula sur sa joue fripée.

– Allons, allons, dit Aurore en lui tapotant le bras pour la réconforter. Je suis sûre que vous n'êtes pas aussi méchante que vous le dites.

– Tu es une si gentille fille... et cependant tu ne te fies pas assez à moi pour manger la moitié de ma pomme.

– Bon, fit Aurore, si nous partageons la pomme, pourquoi pas ? C'est d'accord.

Vive comme l'éclair, Belladonna sortit un couteau en argent de sa poche et coupa la pomme en deux. Elle prit la moitié verte pour elle et donna la rose à Aurore. Puis mordit dans sa moitié. Une des rares dents qui lui restaient tomba. La vieille sorcière mâcha avec difficulté et avala. Aurore allait l'imiter : la pomme avait un parfum délicieux. Alors qu'elle ouvrait la bouche pour la croquer, Kit surgit de la forêt et lui arracha le fruit de la main.

– C'est une ruse, Aurore ! s'écria-t-il. La pomme est empoisonnée. Belladonna a imaginé ce stratagème pour avoir votre cœur !

La sorcière poussa un hurlement de dépit.

– Je veux ton cœur et je l'aurai, cria-t-elle. Idiote que tu es. « Bien sûr que je vous pardonne ! Je suis sûre que vous n'êtes pas aussi méchante que vous le dites », se moqua-t-elle en imitant le ton conciliant d'Aurore. Tu te trompes : je suis *deux fois* plus méchante. Tu mérites de mourir pour être si crédule. La stupidité est peut-être ton seul défaut, mais il est de taille.

Elle abattit son couteau et manqua de peu l'épaule d'Aurore, qui était paralysée par la stupeur.

– Courez, Aurore, courez ! Je vous rattraperai, cria Kit en évitant de justesse la lame de Belladonna, qui faillit lui trancher l'oreille droite.

Aurore regarda autour d'elle, paniquée. Quelle idiote elle avait été, en effet ! À cette heure, elle serait morte si Kit n'était pas arrivé à temps. Son cœur s'emplit d'amour et de gratitude, et il aurait peut-être éclaté si elle n'avait pas dû faire un bond de côté pour esquiver le couteau de la sorcière. Visiblement, cette dernière n'était pas en si mauvais état qu'elle l'avait laissé croire. Aurore devait aider Kit. Elle poussa rudement Belladonna dans le dos, mais celle-ci se contenta de vaciller et reprit son équilibre avant de cingler l'air de son couteau. Elle l'aurait planté en plein dans le cœur d'Aurore si Kit n'avait pas retenu son bras.

– Courez, Aurore ! supplia de nouveau le jeune homme en luttant désespérément pour maîtriser la sorcière.

– Elle ne s'enfuira pas, ricana Belladonna. Tu as peut-être échappé au sortilège du miroir de Dorian, mon garçon, mais elle n'échappera pas à mon couteau.

– Courez, Aurore ! répéta Kit.

– Mais oui ! cria à son tour la sorcière en esquivant les gestes de Kit. Pourquoi ne fuis-tu pas comme une bonne fille ? Comme tes sœurs. Non que ça leur ait servi à quelque chose.

Aurore se figea.

– Que voulez-vous dire ? murmura-t-elle.

– Elles sont mortes. Mes loups, mes beautés, se sont occupés d'elles. Et crois-moi, ce n'était pas joli à voir.

À ces mots, Aurore chancela, devint aussi blanche qu'un perce-neige et tomba évanouie.

20

Une mort et une nouvelle vie

Belladonna eut un petit rire, un gargouillement rappelant une conduite bouchée. Elle ramassa la moitié rose de la pomme tombée par terre et se tourna vers Kit.

– Notre chère amie n'ira nulle part. Je peux t'accorder toute mon attention. Je suis fatiguée de toi, mon garçon. Tu ne m'as causé que des problèmes.

Je regrette de t'avoir volé à tes parents, pour commencer. Depuis ce jour maudit, tu me portes malheur.

– Mes parents ? Vous connaissez mes parents ? demanda Kit dans un souffle.

Malgré le danger qui planait sur sa tête, il désirait ardemment en savoir plus sur sa famille, dont il n'avait aucun souvenir. Belladonna ricana.

– Je suppose qu'ils ont été contents de te voir disparaître.

Elle s'avança sur lui, le couteau levé. Kit se décala sur le côté et passa derrière elle, mais elle anticipa son geste et fit volte-face. Le jeune homme trébucha sur une branche et tomba, se tordant la cheville. Il voulut se relever, mais à la vitesse d'un éclair Belladonna se jeta sur lui et appuya la pointe du couteau sur sa gorge. Elle sourit méchamment.

– Bien ! Bien ! Comme c'est pratique ! En te tuant, je vais annuler la promesse d'Aurore de te donner son cœur. Je n'aurai plus qu'à prélever l'objet de mes désirs dans sa poitrine, battant encore.

Alors que Kit ouvrait la bouche pour protester, elle lui fourra la moitié empoisonnée de la pomme entre les lèvres. Surpris, le garçon mordit dedans et en avala un morceau, par réflexe. Un instant il parut troublé, puis ses yeux se fermèrent et il tomba à la renverse, heurtant le sol avec un bruit sourd qui avait quelque chose de définitif. Belladonna vérifia son pouls, poussa un soupir de satisfaction et se dirigea vers le corps inanimé d'Aurore. Elle leva le couteau au-dessus de son cœur mais, au moment où elle allait frapper, Zeus surgit de la forêt et bondit vers elle en poussant un terrible rugissement. Bien que le lion ne fût pas courageux, la vue de la sorcière prête à tuer son Aurore bien-aimée le rendit intrépide. Belladonna le regarda et éclata de rire.

– Zeus ! Le plus grand chat peureux du monde et le seul lion végétarien connu ! se moqua-t-elle.

Se rappelant les instructions d'Alice, et à la vue des corps sans vie d'Aurore et de Kit, Zeus poussa un autre rugissement furieux et se précipita sur Belladonna. Un instant, la sorcière hésita, puis elle vit dans les yeux de Zeus une lueur sauvage qu'elle ne connaissait pas, comprit qu'il était sérieux et s'enfuit dans la forêt aussi vite que ses jambes arquées le lui permettaient. Zeus s'élança derrière elle. Quand il fut sûr qu'elle avait disparu, il revint sur ses pas. Il alla s'allonger près du corps d'Aurore et se mit à lui lécher doucement le visage. La jeune fille frémit et sourit dans son sommeil.

– Arrêtez, Kit, ça chatouille ! murmura-t-elle, les paupières toujours closes.

Zeus la lécha de nouveau et elle ouvrit enfin les yeux. En voyant le lion, elle ouvrit la bouche pour crier, mais aucun son n'en sortit. Devant sa terreur, Zeus, qui voulait tant se faire aimer d'Aurore, fondit en larmes. Un peu rassurée de le voir aussi inoffensif, la jeune fille se leva avec difficulté. Elle se sentait un peu étourdie et son cerveau était embrumé, mais elle entendait son cœur battre très fort dans sa poitrine et cela la soulagea : Belladonna ne le lui avait pas arraché. Mais où était Kit ? Elle se tourna vers le lion, qui pleurait toujours.

– Mon pauvre chou, dit-elle en lui tamponnant gentiment les yeux de son mouchoir. Es-tu blessé ?

Il fit signe que non.

– As-tu faim ?

Il hocha la tête avec vigueur.

Aurore mit la main dans sa poche et en tira deux madeleines écrasées. Le cœur de Zeus s'emballa, et il s'aperçut qu'il était amoureux. Soudain, il se sentit très courageux, comme devrait certainement se sentir un lion. L'amour le transformait. Désormais, il se sentait le plus vaillant des animaux.

L'esprit embrumé d'Aurore s'éclaircissait peu à peu. Lorsqu'elle eut recouvré ses esprits, son cœur sombra comme une grosse pierre au fond de l'eau. Elle tenta de rassembler ses souvenirs jusqu'au moment où elle s'était évanouie, et se rappela qu'Alice et Nico étaient mortes. Un sanglot s'échappa de sa gorge. Elle regarda autour d'elle. Belladonna n'était plus là, mais elle ne voyait pas Kit non plus. Elle se redressa et aperçut un pied du jeune homme derrière un buisson. Pleine d'anxiété, elle courut vers lui. Kit était allongé sur le dos, les yeux fermés. Il semblait endormi. Aurore sourit et le secoua doucement.

– Réveillez-vous, paresseux, chuchota-t-elle.

Comme il ne bougeait pas, elle l'embrassa sur le front. Sa peau veloutée était chaude au toucher et il avait les joues roses, mais il demeurait immobile et ne respirait pas. Elle le secoua plus fort, sans succès. Du fond de sa gorge monta alors un cri de désespoir si terrible qu'il effraya les oiseaux et les chevreuils dans tout le bois. Aurore prit Kit dans ses bras et serra son corps inanimé contre elle, et tandis qu'elle sanglotait, la neige tombant sur ses joues et ses cils se mélangeait à ses larmes.

Zeus s'approcha silencieusement, appuya son grand corps doux contre le sien et lécha doucement ses larmes. La jeune fille et le lion restèrent ainsi quelque temps, jusqu'à ce qu'Aurore se relève en tremblant.

– C'est affreux, dit-elle, mais il faut l'enterrer, ou les bêtes sauvages vont le manger.

Hélas, le sol était gelé, et malgré leurs efforts ils ne purent creuser un trou. Finalement, ils ramassèrent des feuilles mortes et en couvrirent le corps de Kit. Aurore lui fit également un oreiller de feuilles. Alors qu'elle soulevait doucement la tête du jeune homme pour le glisser dessous, elle remarqua une tache de naissance très singulière sur sa nuque, mais n'y fit pas vraiment attention. Lorsqu'ils eurent fini, Aurore étreignit Zeus et il lécha les larmes qui coulaient comme des perles sur ses joues. Ils ne virent ni l'un ni l'autre la petite souris blanche et le lièvre argenté qui les observaient à la dérobée. Aurore resta assise près de la tombe, immobile, comme si le chagrin l'avait changée en pierre. Au bout d'un moment, Zeus la poussa du museau.

– Laisse-moi tranquille, dit-elle en pleurant. Je vais rester là jusqu'à ma mort. Je ne supporte pas d'être séparée de lui.

Il se mit à neiger plus fort. Zeus poussa de nouveau Aurore.

– Va-t'en, ma vie est finie, murmura la jeune fille, la voix brisée. Sans Kit, Alice et Nico, je n'ai plus de raisons de vivre.

Zeus lui lécha le visage.

– S'il te plaît, pars, lui dit gentiment Aurore. Tu ne peux pas rester là avec moi. Il n'y a rien à manger.

Tu finirais par mourir de faim ou tu serais mangé par les loups.

En dépit des supplications d'Aurore, Zeus refusa de bouger. Après quelques heures, son nez commença à bleuir et il frissonna sans pouvoir se contrôler. Aurore comprit que, s'ils ne partaient pas, le lion mourrait avec elle.

– D'accord, je vais continuer pour toi, soupira-t-elle.

Elle se leva et ils s'enfoncèrent ensemble dans la forêt.

Aurore se dit que le sentier obscur sur lequel ils avançaient, luttant contre un vent glacé, ressemblait à sa propre vie froide et désolée – une vie sans Alice, Nico et Kit, une vie sans amour, sans chaleur, une vie sans espoir.

Un moment plus tard, ils arrivèrent devant un petit poteau indicateur grossièrement taillé dans du bois. Il ne comportait que deux flèches : l'une indiquant la direction d'où ils venaient, *Nulle Part* ; l'autre pointée vers l'avant et portant l'inscription *Quelque Part*. Une petite affiche était clouée au poteau.

Urgence

Recherchons cuisinier au Palais

Doit être capable de faire du lait chaud et des doubles brownies au chocolat nappés de caramel, de ranger le placard à linge et de supporter les crises de colère de la princesse (au moins sept par jour). Patience infinie requise. Nourri et logé. Animaux de compagnie acceptés (même très gros). Candidats précédents ou candidats ayant des petits-enfants, merci de ne pas vous présenter. Écrire au Palais, 1, place du Palais, Quelque Part.

Aurore étudia longuement l'affiche. Puis elle se tourna vers Zeus et lui dit entre deux sanglots :

– Viens, allons à Quelque Part. Peut-être que notre avenir nous attend là-bas.

Ils se remirent en route, et Aurore avait les yeux si pleins de larmes qu'elle aurait trébuché à chaque pas si Zeus ne l'avait guidée gentiment le long du chemin.

21

La grenouille sans pattes

Poivre, Alice et Nico étaient épuisés. Ils avaient voyagé longtemps. Le poney rêvait de s'allonger dans une écurie et de se régaler de bon foin, mais il continuait stoïquement à trotter. Alice rêvait de se coucher, elle aussi. Elle scrutait anxieusement la forêt à la recherche d'Aurore. Mais les bois bruissaient de secrets qu'ils refusaient de divulguer. Plus tôt, ils étaient passés devant une jolie maisonnette. Alice avait frappé à la porte sans recevoir de réponse. Par la fenêtre, elle avait vu sept lits défaits et des tas de linge sale. Elle en avait déduit qu'Aurore n'était pas passée par là.

Beaucoup plus tard, ils étaient arrivés à une autre chaumière et avaient été bien accueillis par une grand-mère qui vivait là avec sa petite-fille. Toutes deux avaient donné de l'avoine à Poivre, posé Nico sur un nénuphar dans la mare, pour qu'elle puisse se régaler de mouches, et avaient offert à Alice la maigre nourriture qu'elles possédaient, s'excusant que leur garde-manger soit aussi peu garni. Quand la grand-mère leur avait dit qu'en rentrant de vacances elle avait trouvé sa maison impeccablement rangée, sans un grain de poussière, Alice avait été sûre que sa sœur s'y était arrêtée. Pour ne pas perdre de temps, elle avait voulu se remettre en route sur-le-champ, malgré la nuit qui tombait.

Il était presque minuit quand le sentier qu'ils suivaient déboucha sur un chemin troué d'ornières. Au détour d'un virage, ils virent une auberge. Nico se mit à sauter sur l'épaule d'Alice, très agitée.

– Qu'est-ce qui ne va pas ? lui demanda la fillette, irritée.

À force, les bonds de Nico lui donnaient la migraine. La flûte était bien enveloppée dans sa poche, mais elle diffusait quand même de la chaleur et continuait à harceler Alice de ses murmures insidieux, lui commandant de s'arrêter et de faire demi-tour. Nico désigna l'enseigne au-dessus de la porte. L'auberge s'appelait *La Grenouille sans pattes*.

– Ah… Je comprends que ce nom ne te paraisse pas très engageant, dit Alice, mais il n'y aura sans doute pas d'autre auberge avant des kilomètres.

Soudain, la voix de la flûte se fit plus insistante dans sa tête, la pressant de passer la nuit à l'auberge. Alice avait beau savoir que suivre ses conseils risquait de les mettre en danger, elle était trop fatiguée pour résister.

– Arrêtons-nous, trancha-t-elle. Poivre n'en peut plus, et moi non plus. Si on passe la nuit ici, on avancera mieux demain matin.

Nico secoua vivement la tête, mais Alice décida de l'ignorer. Elle sentit la flûte vibrer dans sa poche, en signe de satisfaction. Elle conduisit Poivre à l'écurie derrière l'auberge, où un grand homme maigre était tapi dans l'ombre, invisible. Nico ne cessait de sauter sur l'épaule d'Alice, coassant et incitant sa sœur à continuer.

– Ah, tiens-toi tranquille, Nico ! se fâcha Alice. Si tu n'arrêtes pas tout de suite, je vais faire demi-tour, je n'essaierai pas de retrouver Aurore et je ne porterai pas la flûte au Pays sans Retour.

Nico fondit en larmes et Alice se sentit aussitôt très mal.

– Je ne pensais pas ce que j'ai dit, Nico. Je ne m'arrêterai jamais d'essayer de retrouver Aurore. Seulement, je suis éreintée. J'ai besoin de dormir.

Nico soupira et se glissa dans la poche d'Alice, évitant celle où se trouvait la flûte, qui la mettait toujours mal à l'aise.

Quand Alice entra dans l'auberge, la salle entière fit le silence et tous les yeux se tournèrent vers elle. C'était très intimidant.

– Est-il possible de manger ? demanda-t-elle à l'aubergiste.

L'homme lui tendit un menu et les clients reprirent peu à peu leurs conversations. Elle le consulta sans attendre :

Cuisses de grenouilles à la bière et coulis de têtards

Cuisses de grenouilles sur un lit de petits pois

Curry de cuisses de grenouilles aux poivrons et au concombre

Cuisses de grenouilles rôties et leurs petits légumes

Cuisses de grenouilles frites au gingembre

Cuisses de grenouilles à la bolognaise

– Vous n'avez que des cuisses de grenouilles ? demanda Alice qui avait perdu l'appétit et priait pour que Nico reste bien tranquille au fond de sa poche.

– Le cuisinier pourrait vous faire des beignets de crapauds, mais seulement s'il lui reste de la farine. On ne sera pas livrés avant la fin de la semaine.

– Finalement, je n'ai pas si faim, se ravisa Alice.

Dans sa poche, la flûte chantait avec insistance : « Reste dormir ! Reste dormir ! » La fillette, épuisée, avait l'impression qu'un rideau avait été tiré dans sa tête. Elle ne parvenait plus à réfléchir.

– Avez-vous une chambre libre ?

– Au premier étage, la dernière à gauche. C'est la seule qui me reste.

– C'est que..., dit timidement Alice, je n'ai pas d'argent.

L'aubergiste l'examina de la tête aux pieds et vit à quel point elle était harassée.

– Tu as des bras ?

Elle hocha la tête.

– Le cuisinier a toujours besoin d'aide pour la vaisselle, le matin. Tu me paieras en travaillant.

Alice accepta le marché, remercia l'aubergiste et monta l'escalier. Le grand homme dégingandé assis dans un coin obscur de la salle se leva et la suivit. Une fois dans la chambre, Nico sortit de la poche de sa sœur et se mit à coasser des mots de grenouille qui n'étaient sûrement pas employés par les batraciens polis, pensa Alice. Elle devina que sa sœur commentait le menu. Elle rabattit le drap sur sa tête pour essayer d'étouffer ses protestations courroucées, tandis que la flûte lui chantait la plus exquise des berceuses. Ses paupières se fermèrent et elle glissa dans le sommeil.

Nico continuait à coasser bruyamment, mais Alice ne se réveillait pas. De guerre lasse, la petite grenouille sauta sur le rebord de la fenêtre pour scruter les environs. Comme elle le craignait, derrière le toit de l'écurie, dans un champ voisin, elle aperçut le sommet de la grande roue. Si la fête foraine était toute proche, Hermès l'était aussi, et peut-être même Belladonna. Convaincue qu'Alice et elle couraient un terrible danger, Nico sautilla jusqu'à la porte et se glissa dessous. Si la sorcière ou son valet étaient dans les parages, elle voulait les localiser pour pouvoir prévenir Alice. Elle descendit l'escalier et se faufila sous les tables, au risque d'être écrasée ou de finir au menu. Et de fait, elle faillit périr sous une botte losque sept petits hommes corpulents et passablement éméchés se mirent à danser la conga, accompagnés par les autres clients qui tapaient des pieds. Elle fut sauvée *in extremis* par un individu qui la posa sur la paume de sa main avant de la soulever dans les airs. Au terme de cette ascension, elle se retrouva face à face avec un homme âgé, qui la contemplait avec intérêt.

– Regardez ça, Jacob, dit l'homme à son compagnon. Voici un spécimen de grenouille à pattes courtes et longue langue. Elles sont très rares dans cette région. Je vais la mettre dans ma collection de batraciens.

– Je ne me donnerais pas cette peine, Wilhelm, dit l'autre professeur. Ces grenouilles ont une durée de vie très courte. Elles ne dépassent jamais les deux ans, et celle-ci n'en est pas loin. On peut deviner son âge grâce aux taches qu'elle a sur le dos.

Le cœur battant à toute vitesse, Nico fit un bond gigantesque qui la propulsa à plusieurs mètres du professeur. Par chance, lorsqu'elle atterrit près de la porte, un grand homme maigre au visage caché sortait de l'auberge et elle se faufila discrètement derrière lui.

Une fois dehors, elle se sentit toute chose. Ainsi, les grenouilles de son espèce ne vivaient pas plus de deux ans ! Or, elle avait presque deux ans quand Belladonna l'avait transformée. Il ne devait pas lui rester longtemps à vivre, en effet ! Très inquiète, elle sautilla cependant jusqu'à l'écurie où Poivre dormait comme un bienheureux. L'auberge se vidait progressivement et la cour de l'écurie était encombrée de clients venant chercher leur cheval, qui se souhaitaient bonne nuit. Nico resta cachée dans la paille : plus question de s'aventurer entre des bottes cloutées ! Depuis sa cachette, elle vit les sept frères partir en titubant et en chantant vers la forêt. Elle allait sortir de son abri, quand elle entendit une voix familière déclarer :

– Elle est ici.

Nico regarda par une fente de la porte. C'était la voix d'Hermès ! Il parlait à Belladonna sous une lampe de la cour. Nico retint une exclamation. La sorcière semblait âgée de mille siècles, son visage était aussi ravagé qu'une falaise érodée par la mer.

– Elle a la flûte ?

– Je ne l'ai pas vue, répondit Hermès, mais je suis certain que oui. Il semblerait qu'elle ait décidé de la porter au Pays Sans Retour, dans le monde souterrain.

– Nous devons absolument l'en empêcher. Une fois que la flûte sera au Pays Sans Retour, elle y restera à jamais. Il n'y a pas une seconde à perdre, je veux la flûte ce soir !

– Si Madame le souhaite, je vais la chercher immédiatement, annonça Hermès.

Son empressement et ses yeux fiévreux firent hésiter Belladonna. Quand il s'agissait de la flûte, elle préférait ne se fier à personne.

– J'y vais moi-même, déclara-t-elle d'un ton sans appel. Dites-moi dans quelle chambre elle se trouve. Je ne veux pas réveiller toute l'auberge.

– Je marquerai le bas de sa porte d'une croix en regagnant ma chambre, dit Hermès.

Il sortit plusieurs morceaux de craie de sa poche et les fit sauter dans sa main. Un morceau tomba par terre sans qu'il s'en aperçoive.

– Attendez un moment avant de monter, ajouta le valet. Ainsi, tout le monde dormira et personne ne vous entendra.

– Vous avez vu la grenouille ? s'enquit Belladonna.

– Non, mais elle est probablement dans la poche de sa sœur. En revanche, aucun signe du garçon.

– Il ne nous causera plus d'ennuis ! s'écria joyeusement la sorcière. Il est mort. Une regrettable allergie aux fruits. La prochaine fois que je rencontrerai Aurore Eden, son cœur sera à moi. Je l'obligerai à tenir sa promesse.

À cette pensée, elle glousse de plaisir. Hermès ouvrit la bouche pour la mettre en garde contre les dangers de se procurer un cœur sans respecter les directives du guide, mais le coassement d'horreur de Nico apprenant la mort de Kit le fit taire.

– Qu'est-ce que c'était ? demanda Belladonna.

– Probablement une grenouille échappée de la cuisine.

Cachée dans la paille, Nico laissa échapper une larme. Ainsi, Kit était mort... Aurore serait anéantie lorsqu'elle l'apprendrait. La petite fille était sûre que sa sœur aimait encore le jeune homme, même s'il avait essayé de la tuer. Aurore n'était pas rancunière et elle aurait certainement compris que Kit avait été victime d'un enchantement. Mais désormais, ils ne seraient plus jamais heureux ensemble.

22

Écrasée !

Malheureuse comme les pierres, Nico regarda Hermès retourner à l'auberge. À l'insu de Belladonna, qui marmonnait face à son miroir, elle se faufila derrière lui, s'arrêtant juste pour chiper le morceau de craie tombé à terre et le prendre dans sa bouche.

Dans le couloir, toutes les portes étaient fermées. Des ronflements sonores provenaient de plusieurs chambres. Celle d'Alice était tout au fond et en bas, sur le cadre de la porte, était dessinée une croix blanche très visible. Nico rebroussa chemin jusqu'en haut de l'escalier. Elle s'arrêta devant la première porte, le morceau de craie toujours entre les lèvres, et traça soigneusement une petite croix blanche sur le cadre. Elle répéta l'opération sur la porte d'en face, puis sur toutes celles du couloir. Elle venait de finir quand elle entendit des pas dans l'escalier. Elle se faufila dans la chambre où Alice dormait comme une bûche et sauta sur sa sœur, qui se contenta de se retourner. Nico sauta de plus belle.

Un cri strident retentit dans le couloir quand Belladonna s'introduisit dans la première chambre dont la porte était marquée d'une croix. La sorcière sortit à reculons de la pièce, occupée par une équipe de lutteurs de sumo en route pour les championnats du monde. Remarquant une autre marque à la craie sur la porte d'en face, elle y entra et en ressortit aussitôt, poursuivie par deux religieuses. Elle inspecta alors les autres portes, les paupières plissées, et vit qu'elles étaient toutes marquées d'une croix. Elle poussa un cri rageur et se mit à ouvrir toutes les chambres, réveillant les occupants furieux. Bientôt, l'auberge tout entière sombra dans le chaos. Des grenouilles sautillaient partout car, en entrant dans la chambre du distingué professeur, Belladonna avait renversé son aquarium plein de batraciens rares, qui s'étaient tous échappés. Elle approchait de la chambre d'Alice, quand Hermès sortit dans le couloir et lui désigna la bonne porte.

Pendant ce temps, Nico coassait bruyamment dans l'oreille gauche de sa sœur. Alice refusait toujours de se réveiller, malgré le vacarme provenant du couloir. Au-dessus du lit, sur une petite étagère, s'entassaient des livres intitulés : *Dresser des têtards*, *Le règne des grenouilles*, *Le très étrange mariage de la grenouille et de la souris*, *Le prince-grenouille, réalité ou fiction ?* Nico sauta sur le rayonnage et poussa du museau les livres qui tombèrent en avalanche sur la tête d'Alice. Un volume particulièrement lourd, intitulé *En sautillant de bon matin*, atteignit la fillette en plein front. Elle se réveilla en sursaut et s'assit dans le lit.

– Tu essaies de me tuer ? cria-t-elle, furieuse.

– Non, coassa Nico, mais Belladonna sera là d'une seconde à l'autre. Nous ferions bien de filer.

Sans s'apercevoir qu'elle comprenait parfaitement sa sœur, Alice sauta du lit, releva la fenêtre coulissante et se glissa dehors en un éclair. Elle descendit le long du mur en s'aidant du lierre qui courait sur la façade.

– Hé, et moi ? cria Nico, restée sur le rebord de la fenêtre.

– Saute ! répondit Alice d'en bas, en tendant ses mains jointes.

– Tu te rends compte que c'est l'équivalent, pour un humain, de sauter d'un plongeoir dans un bocal à poissons ? s'énerva Nico.

– Tu es une grenouille, non ? Sauter est ce que les grenouilles font le mieux, en principe. C'est d'ailleurs à peu près tout ce qu'elles font, cria Alice, irritée.

Elle entendit soudain un hennissement près de son épaule. C'était Poivre, qui était sorti de l'écurie, prêt à prendre la fuite. Nico regardait toujours vers le bas avec anxiété, lorsque Belladonna et Hermès entrèrent en trombe dans la chambre, poursuivis par plusieurs lutteurs de sumo, deux religieuses et les deux professeurs. Hermès aperçut la petite grenouille sur le rebord de la fenêtre et abaissa la vitre, qui tomba comme une guillotine. Belladonna vit une petite patte frétiller sous la fenêtre. Elle rit : elle n'avait pas encore la flûte, mais au moins elle était débarrassée d'une de ces deux pestes de sœurs Eden. Hermès releva la vitre pour admirer son œuvre. Le professeur se rua en avant, ramassa la grenouille écrasée et poussa un hurlement.

– Monsieur, s'exclama-t-il, furieux, vous avez ruiné le travail de ma vie. Vous avez écrasé le dernier spécimen au monde de la grenouille sans cou à gorge rouge. Vous n'avez pas seulement tué une grenouille, vous avez exterminé une espèce entière. Vous êtes une calamité.

Encouragé par les huées des autres clients, il poussa Hermès dans le dos. Ce dernier bascula par la fenêtre et atterrit dans une brouette de fumier que le valet d'écurie venait de sortir. Profitant du tumulte, Belladonna s'éclipsa.

Dans la forêt, Poivre galopait comme le vent, sa cavalière sur le dos.

– Ouf ! fit Alice. On l'a échappé belle ! On a eu de la chance.

– Je ne pense pas qu'on puisse vraiment parler de chance, observa sèchement Nico.

Alice se reprit rapidement.

– Bien sûr ! Merci, Nico ! Sans toi, je ne sais pas ce qu'on serait devenues.

Soudain, elle écarquilla les yeux, ébahie.

– Ça, alors ! Nico ! Je viens de m'apercevoir que je te comprends parfaitement ! Et je peux aussi parler ton langage !

– Pour quelqu'un d'aussi intelligent, tu en mets du temps à réagir ! soupira Nico.

– Je me demande pourquoi je te comprends, tout à coup, insista Alice.

– En réalité, je ne pense pas que tu me comprennes, Alice, répondit Nico d'un ton lugubre. Pour cela, il faudrait que tu sois prisonnière d'un petit corps vert et gluant. Mais si tu t'étonnes de comprendre les rudiments du langage grenouille, sache que c'est sûrement grâce au livre qui t'est tombé sur la tête. Des chocs sur le crâne ont parfois de drôles de conséquences sur le cerveau.

– En tout cas, c'est très utile, déclara Alice. Et quand je pense que même Nanette n'y arrive pas, j'ai l'impression d'être très intelligente.

– Il n'y a pas de quoi avoir la grosse tête, rétorqua vertement Nico. Surtout que ton accent est déplorable.

– Qu'est-ce que tu as, Nico ? demanda Alice, qui sentait une tension inhabituelle dans la voix de sa sœur. Ça n'a pas l'air d'aller...

– J'ai quelque chose de terrible à te dire, avoua la petite grenouille.

– Aurore ? fit Alice dans un souffle.

– Non. C'est Kit. Il est mort.

Le temps de digérer l'affreuse nouvelle, Alice ferma les yeux. Sa dernière dispute avec Kit lui revint aussitôt en mémoire, et elle en éprouva des regrets cuisants.

Quelques heures plus tard, Poivre, Alice et Nico sortirent de la forêt et se retrouvèrent près d'un moulin, à la lisière d'une petite ville. Un poteau indicateur en mauvais état se dressait au bord de la route. Au milieu était collée une affichette annonçant l'arrivée imminente de la fameuse fête foraine de monsieur Prométhée. Une flèche était pointée vers la ville et indiquait : *Quelque Part. 1 km*. Une autre flèche désignait le chemin qu'ils venaient d'emprunter et annonçait : *Nulle Part. 24 km*. Une troisième était orientée vers la gauche et signalait : *N'importe Où. 17 235 km*. Au-dessous était écrit en petites lettres : *Droits de douane. Grande probabilité de se perdre*. La quatrième flèche du poteau était dirigée vers le sol et disait : *En Bas (et station de métro)*. En petits caractères, on avait inscrit au-dessous : *Distance inconnue*. En plus petits caractères encore, il était précisé : *Déconseillé aux camions et à quiconque souhaite revenir*. Et en caractères minuscules : *Port de pantalon et de veste propres vivement recommandé*.

Alice, debout sous le poteau indicateur, retournait la flûte dans sa main. Elle était enveloppée dans un morceau de sa jupe et la fillette sentait sa chaleur à travers l'étoffe. Elle l'entendait aussi la supplier de faire demi-tour et de rentrer. Elle fit la sourde oreille. Elle savait parfaitement que le petit instrument était un traître qui ferait tout pour la livrer à Belladonna. Il voulait retrouver sa propriétaire, et certainement pas regagner le Pays Sans Retour. Depuis qu'ils avaient quitté l'auberge, la flûte n'avait cessé de s'agiter et, pour cette raison, Alice soupçonnait que l'entrée du monde souterrain était proche. Elle soupira.

– Nanette était sûre qu'on trouverait Aurore à Quelque Part. Ça doit être là, annonça-t-elle en indiquant la ville. Je suis certaine qu'elle est tout près, je la sens.

La route menant à Quelque Part était poussiéreuse et d'une tristesse qui correspondait parfaitement à l'humeur d'Alice. Elle ne cessait de penser à Kit et, chaque fois, un brûlant sentiment de honte la submergeait. Elle se sentait responsable de sa mort. De son côté, Nico s'en voulait d'avoir insisté pour que Kit retourne au manoir Eden avec le cœur du chevreuil, en pensant qu'Aurore serait plus en sécurité si Belladonna croyait être en possession de son cœur.

– Je croyais qu'on pourrait tromper Belladonna plus longtemps, dit-elle, en larmes.

– Et moi, j'ai soupçonné Kit d'avoir abandonné Aurore dans la forêt, enchaîna Alice d'un ton amer. Je lui ai dit des choses terribles. Je l'ai mal jugé, et maintenant il est mort et je ne pourrai jamais lui demander pardon. Oh, Nico, c'est affreux !

– Tu as fait de ton mieux, affirma Nico pour l'apaiser.

– Oui, mais mon mieux n'est jamais assez bien, rétorqua Alice d'un ton farouche.

– C'est pourquoi tu dois porter la flûte dans le monde souterrain, observa Nico.

– J'ai peur, avoua la fillette. Je ne veux pas mourir. Je veux seulement retrouver Aurore, retourner à la maison et y rester bien au chaud, en sécurité pour toujours. Nous trois seules, nous trois ensemble.

– C'est impossible, lui rappela Nico. Tant que la flûte sera dans ce monde, Belladonna voudra s'en emparer. Et si ce n'est pas elle, ce sera quelqu'un d'autre. Nous ne serons jamais en sécurité au manoir Eden, et tu le sais.

– Ainsi, pour toi, je n'ai pas d'autre choix que d'aller dans le monde souterrain ?

Nico ne répondit rien ; elle avait l'air triste.

– Je ne veux pas mourir, répéta Alice avec raideur.

– Nous mourons tous, à la fin, dit Nico, avant d'ajouter d'un ton abattu : Kit est déjà mort, et certains d'entre nous mourront plus tôt que les autres.

Alice fixa sa petite sœur.

– Que veux-tu dire ?

Nico haussa les épaules.

– J'ai découvert que l'espérance de vie de mon espèce de grenouille est d'environ deux ans. J'avais presque deux ans quand Belladonna m'a jeté ce sort, alors il ne me reste probablement pas beaucoup de temps à vivre. Je risque de mourir de vieillesse d'une minute à l'autre.

– Oh ! Nico, s'écria Alice en prenant sa sœur dans sa main. Je vais chercher un prince pour t'embrasser, je te le promets ! Puis nous retrouverons Aurore et je rapporterai la flûte à l'endroit où elle doit être.

– Bon, je suis contente que tu aies pris ta décision, conclut Nico, lugubre.

– Regarde ! dit soudain Alice en désignant une grande pancarte. Nous sommes arrivés.

L'écriteau indiquait :

Bienvenue à Quelque Part
Ni Nulle Part, ni En Bas, ni En Haut,
mais Quelque Part et fier de l'être.
Veuillez conduire prudemment

La colère du dragon

Plus ils approchaient du centre de Quelque Part, plus la ville leur paraissait étrange. On voyait partout des drapeaux et des banderoles noirs, comme si tous les bâtiments étaient en deuil. Les rues pavées étaient désertes. Soudain, Alice eut un frisson et se sentit très anxieuse, comme si un malheur allait se produire.

– J'aimerais bien que mes dents arrêtent de claquer, ronchonna-t-elle.

– Elles essaient peut-être de te dire quelque chose, suggéra Nico.

– Je ne pense pas que ce soient de bonnes nouvelles, répondit Alice.

À ce moment-là, elles entendirent dans le lointain des gens pleurer et se lamenter. Intriguées, les deux sœurs se regardèrent et pressèrent le pas dans la direction des pleurs.

Bientôt, elles quittèrent la ville et prirent un petit chemin qui montait une colline en serpentant, jusqu'à l'entrée d'une grotte. De la fumée planait sur le flanc de la colline en volutes noires. Une foule de gens éplorés étaient contenus par des cordes, à quelque distance de l'entrée de la caverne.

– Par ici ! Par ici ! criaient les gardes chargés de la sécurité à ceux qui arrivaient encore. Ne lambinez pas !

Alice et Nico se frayèrent un chemin dans la foule. La colline était couverte de neige, mais à l'entrée de la grotte celle-ci avait fondu. Les gardes postés devant l'ouverture repoussaient les curieux.

– Reculez ! Reculez ! Quelqu'un risquerait d'être blessé !

Soudain, on entendit un énorme rugissement et des flammes sortirent de la caverne. La foule s'arrêta de pleurer et retint son souffle. Quand les flammes moururent, remplacées par des volutes de fumée âcre, Alice comprit que la grotte abritait un dragon : un dragon redoutable et furieux, par-dessus le marché. Nico sur l'épaule, elle joua des coudes entre les badauds pour passer devant. Elle s'arrêta près d'un homme en uniforme de cérémonie qui se mouchait bruyamment.

– Que se passe-t-il ? Est-ce un spectacle ? lui demanda Alice.

Le Grand Chancelier essuya une larme.

– C'est le sacrifice annuel offert au dragon.

– Et qu'est-ce qui est sacrifié ?

Le Chancelier la regarda fixement avant de répondre :

– Deux jeunes filles.

– Mais c'est barbare ! s'écria Alice, atterrée.

– Vous n'êtes visiblement pas d'ici, dit le Chancelier. Ce qui se passait avant que nous parvenions à un accord avec le dragon était bien pire. Le monstre venait en ville à tout bout de champ et mangeait qui il voulait, quand il voulait. Aucun enfant n'était à l'abri, pas même notre prince bien-aimé qui a disparu un jour, probablement dévoré. Il fallait trouver une solution. Alors, nous avons conclu un pacte avec le dragon – signé avec du sang. Il laisse notre ville tranquille si, pour satisfaire ses appétits de chair fraîche, nous lui livrons deux jeunes filles, une fois l'an. Nous tirons les victimes au sort la veille du sacrifice. C'est très démocratique, personne n'est épargné. D'ailleurs, cette année, l'une des deux jeunes filles est la princesse.

Comme pour ponctuer ces mots, la foule poussa une nouvelle plainte déchirante.

– Oh ! fit Alice. Les gens doivent être très tristes à l'idée de perdre leur princesse.

– Au contraire, répondit le Grand Chancelier. Ils seront ravis d'en être débarrassés, et moi le premier. Je chéris chaque moment que je passe loin d'elle.

– Est-elle à ce point insupportable ? demanda Alice.

– Hélas, oui ! Elle est exigeante, égoïste, vaniteuse, grossière et envieuse. Tout le monde est de cet avis.

– Mais si elle est tellement impopulaire, pourquoi êtes-vous tous si bouleversés ?

– Ah, fit le Chancelier.

Il fondit de nouveau en larmes et tamponna ses joues d'un grand mouchoir écossais.

– Nous pleurons à cause de l'autre jeune fille, la cuisinière du palais. Elle n'est arrivée en ville qu'hier soir, juste avant le tirage au sort, mais tout le monde l'aime déjà. C'est une jeune fille délicieuse, tout le contraire de la princesse. En plus d'être aimable, elle fait de succulentes madeleines au chocolat.

– Des madeleines au chocolat ! s'exclamèrent en chœur Alice et Nico, dans un mélange de cris et de coassements.

– Oui, dit le Chancelier. D'exquis petits gâteaux au beurre.

– Je connais les madeleines, s'impatienta Alice. Comment s'appelle cette cuisinière ?

– Oh, regardez ! Les voilà.

Deux petites charrettes gravissaient la colline. Dans la première venait la princesse, la mine renfrognée. Tout le monde se bouchait les oreilles sur son passage, tant elle criait fort.

Dans la deuxième charrette était assise Aurore, pâle et les yeux baissés. Elle distribuait des madeleines à la foule éplorée, tandis que la charrette se dirigeait vers l'entrée de la grotte.

– Aurore ! Aurore ! appelèrent Alice et Nico.

Mais les gens étaient si nombreux et pleuraient si fort qu'Aurore ne pouvait ni voir, ni entendre ses sœurs. Elle paraissait aussi insensible qu'une pierre dans la charrette, entièrement résignée à son sort.

– Aurore ! hurla de nouveau Alice, mais la foule scandait à présent le nom de sa sœur, et son appel se perdit dans le brouhaha.

On aida Aurore et la princesse, qui se débattait vigoureusement, à descendre des charrettes. Des gardes armés de lances poussèrent les deux jeunes filles vers l'entrée de la caverne. Un autre formidable rugissement se fit entendre et des flammes sortirent encore de la grotte. Les gardes versèrent des seaux d'eau sur l'herbe qui commençait à brûler.

– Il s'impatiente, dit tristement le Chancelier. Dire qu'il était un si gentil petit dragon, autrefois. Il avait le meilleur caractère qui soit. Puis il a perdu sa compagne... Si seulement nous pouvions la retrouver. Hélas, elle est sans doute morte et ce dragon est le seul dragon à miel légendaire à quatre langues, trois pattes et deux têtes qui reste au monde.

Mais l'homme parlait seul, car Alice, Nico sur l'épaule, se frayait déjà un chemin dans la foule pour rejoindre Aurore. Elle atteignit le premier rang alors que les gardes commençaient à pousser les deux jeunes filles dans la caverne. Une seconde, les spectateurs se turent.

– Aurore ! cria Alice avec désespoir.

Aurore pivota brusquement. Quand elle vit ses sœurs, la stupeur, puis la joie et enfin le désespoir se succédèrent sur son visage. Elle ouvrit la bouche pour parler, mais à ce moment-là le garde qui la tenait la poussa et elle disparut dans la grotte. Avec un cri angoissé, Alice passa sous le cordon de sécurité et courut derrière elle. Les gardes voulurent l'arrêter, mais elle se débattit comme un beau diable pour continuer d'avancer, s'emparant d'une lance et d'un seau d'eau au passage. Elle brandit la lance au-dessus de sa tête et pénétra en hurlant dans la caverne, où elle découvrit une scène terrible. Aurore et la princesse étaient plaquées contre une paroi et le dragon, énorme, s'avançait vers elles, prêt à les rôtir. Un instant, la terreur empêcha Alice de bouger. Puis le monstre poussa un grondement semblable à un coup de tonnerre et ouvrit ses deux gueules, dont jaillirent des flammes puissantes. Avec l'énergie du désespoir, Alice jeta le seau d'eau sur le feu, juste comme les deux jeunes filles faisaient un bond de côté. La roche brûlante crépita et fuma.

Le dragon, furieux et affamé, tournoya sur lui-même. Sa queue balaya le sol, manquant Alice de peu. Il fonça, les serres en avant, et toucha Aurore au bras. Elle trébucha et tomba devant le monstre qui la dominait et tendait vers elle ses deux gueules béantes. Nico tenta de lui mordre une patte et Alice voulut lui plonger la lance dans le dos, mais les deux sœurs ne purent traverser ses écailles, pareilles à une armure. Le dragon se redressa, prêt à tuer, quand soudain, sous les « Oh ! » et les « Ah ! » de la foule,

Poivre le poney et Zeus le lion entrèrent en trombe dans la caverne, foncèrent sur lui et le firent tomber à la renverse. La bête en eut un instant le souffle coupé, mais elle n'était pas encore hors d'état de nuire, loin de là.

Alice devina que les grondements montant des deux gorges du dragon annonçaient une autre gerbe de flammes.

– Aidez-moi ! cria-t-elle à la princesse. Allons chercher de l'eau !

Elles sortirent en courant de la grotte.

Elles attrapèrent chacune un seau et retournèrent dans la caverne au moment où le dragon se relevait. Il poussa un grondement terrible, comme pour annoncer à ses victimes que leur dernière heure avait sonné. Puis il ouvrit ses gueules, et les deux filles versèrent le contenu de leurs seaux dans ses deux gorges. On entendit alors un sifflement strident. L'eau froide fit crépiter le feu et des nuages de vapeur emplirent l'air. Surpris et hors de lui, le dragon tenta de cracher des flammes, mais ses poumons étaient inondés, et seule une minuscule flammèche sortit de sa gueule droite. Elle crachota et s'éteignit comme une allumette humide. Le monstre gronda et la princesse lui asséna de violents coups de pied dans les pattes. Un instant, le dragon parut au bord des larmes, mais il se ressaisit et se remit en position d'attaque, crocs et griffes dehors.

Alice, Poivre et Zeus se ruèrent sur lui, mais il les expédia sur le côté en les balayant de sa queue. Encore étourdis par le choc, ils virent le monstre avancer sur eux et reculèrent. La princesse cria. Zeus gémit et joignit ses pattes de devant comme pour prier. Aurore se couvrit les yeux et même Poivre, le poney le plus courageux du monde, poussa un petit hennissement effrayé. Alice regarda ses compagnons. Ils s'étaient battus vaillamment, mais ils étaient vaincus. Ils allaient tous finir dans le ventre du dragon. Le monstre venait de faire un autre pas dans leur direction, quand Nanette surgit dans la grotte, suivie par une souris blanche. Tous se figèrent, y compris le dragon. Dans le silence qui suivit, la souris prit soudain la parole. Elle ne couina pas, mais s'exprima dans un langage grondant et guttural qui ne pouvait être que la langue des dragons. Le monstre l'écouta, puis s'aplatit sur le sol pour être plus près d'elle, et ils échangèrent des grondements. À court de mots, les enfants se regardèrent. Soudain, le dragon fondit en larmes. Nanette lui tapota gentiment le cou et il se mit à ronronner comme un très gros chat couvert d'écailles.

24

Ressuscité

Le dragon, Aurore et la princesse étaient assis autour d'une petite table en fer forgé, sur une pelouse soigneusement taillée. Derrière eux, le Palais dressait ses tours et ses tourelles blanches, tel un château de conte de fées. La princesse et le dragon jouaient au jeu de puces avec des jetons en or, tandis qu'Aurore lançait des madeleines dans les deux gueules du monstre, qui ronronnait de plaisir. Aurore le trouvait adorable, preuve qu'elle n'était pas rancunière : il avait tout de même essayé de la manger ! Quant à Alice, elle songeait à son père et à la joie qu'il aurait eu à contempler cette scène idyllique. Il aurait tant aimé avoir la confirmation que le légendaire dragon à miel à quatre langues, trois pattes et deux têtes mesurait bien cent mètres de long et qu'il avait vraiment le meilleur caractère de toute la famille des lézards. Non loin de là, Zeus et Poivre faisaient connaissance, en ébouriffant gentiment leurs crinières respectives. Aurore, tout à son ravissement d'avoir retrouvé ses sœurs, ne cessait d'enlacer Alice et Nico, en prenant soin de ne pas écraser la petite grenouille. Entre rire et larmes, elle répétait d'un air émerveillé :

– Vous n'êtes pas mortes ! Belladonna m'a dit qu'elle vous avait tuées, mais vous n'êtes pas mortes !

– Arrêtez donc de radoter ! l'apostropha la princesse, irritée de ne pas être au centre de l'attention. Et qui sont ces créatures, au fait ?

– Mes sœurs, Alice et Nico.

La princesse regarda Nico avec curiosité et tendit sa petite main potelée à Alice.

– Je suis ravie que tu fasses ma connaissance, déclara-t-elle. Tout le plaisir est pour toi.

Alice réprima un gloussement.

– Enchantée, répondit-elle, avant d'ajouter : Vous êtes vraiment très jolie.

– Je sais, dit la princesse.

– Et très bonne au jeu de puces, constata Alice en la voyant expédier un jeton dans le bol.

– Je sais.

La princesse se leva et lui écrasa le pied.

– Désolée, bafouilla Alice. C'est ma faute.

– Oui.

– En fait, se ravisa la fillette, je pense que c'est plutôt votre faute.

Un moment, Son Altesse parut sur le point d'exploser, puis elle sourit et un rayon de soleil illumina son joli petit visage.

– Tu as raison, reconnut-elle, c'était ma faute. Mais personne ne me dit jamais ce genre de choses.

Elle regarda timidement Alice.

– Tu es très courageuse. Je comprends pourquoi tes sœurs t'aiment autant. Mon frère était courageux et je l'aimais aussi, mais le dragon l'a dévoré. Il avait promis de m'apprendre le courage et de m'emmener dans un tas d'aventures... Et maintenant je vais être obligée de devenir reine, ce qui est horriblement ennuyeux et me met de très mauvaise humeur. Les reines doivent s'habiller en rose – une couleur qui ne me va pas du tout –, sourire et agiter la main tout le temps, même quand elles n'en ont pas envie. Je sais que je suis odieuse, mais je ne peux pas m'en empêcher.

Elle jeta un regard de reproche au dragon qui commençait à s'agiter. De petites flammes sortaient de ses gueules et roussissaient les bords du jeu de puces. Nanette et la souris blanche interrompirent leur conversation pour venir voir ce qui le troublait. Il fallait le prendre avec des pincettes, car il avait un tempérament ardent et risquait à tout moment de s'enflammer – avec les conséquences désastreuses que l'on sait. Nanette avait prévenu qu'il lui faudrait probablement quelques semaines avant de retrouver complètement son bon caractère et qu'il serait beaucoup plus calme lorsqu'il aurait revu sa compagne. Nanette et la souris avaient localisé celle-ci dans les montagnes. Pendant que la souris et le dragon entamaient une discussion, Nanette jeta un long regard à Alice.

– N'as-tu pas quelque chose à faire ? lui demanda-t-elle gentiment.

Alice fronça les sourcils et regarda la flûte posée sur le banc à côté d'elle, enveloppée dans du tissu.

– Je profite un peu de mes retrouvailles avec Aurore, dit-elle. Je n'ai pas oublié la flûte, Nanette, ne vous inquiétez pas.

– Tant mieux, approuva la jeune femme, car Belladonna ne l'a sûrement pas oubliée non plus.

Nico darda sur Alice ses petits yeux brillants. Elle savait que sa sœur redoutait le voyage dans le monde souterrain et qu'il serait très dangereux pour elle.

De son côté, Alice observait la souris.

– Cette souris a quelque chose d'humain, remarqua-t-elle.

– Normal, confirma calmement Nanette. C'est un être humain victime d'un enchantement. Par chance, les sortilèges qui transforment quelqu'un en souris sont de courte durée. Après-demain, à la nouvelle lune, ce monsieur redeviendra lui-même. Je suis impatiente de le connaître ainsi, car il est charmant et très courageux sous sa forme de souris.

– Dommage que ce ne soit pas pareil pour les grenouilles, déclara tristement Alice en lorgnant vers sa petite sœur.

Nanette hocha la tête et baissa la voix :

– Malheureusement, le sortilège qui l'a transformée est beaucoup plus sophistiqué et seul un vrai prince peut le rompre. J'espérais pouvoir faire quelque chose pour Nico, mais ma magie a beaucoup faibli à cause de mes blessures.

Elle toucha son front, où une cicatrice encore fraîche était visible.

– Il est urgent de trouver un prince, ajouta-t-elle. Sous sa forme actuelle, Nico n'a peut-être plus que quelques jours à vivre.

Elle ne pensait pas que la petite grenouille l'avait entendue. Hélas, c'était le cas, et une minuscule larme roula sur sa figure.

La souris avait fini de discuter avec le dragon. Elle courut vers Nanette en poussant de petits cris aigus. La jeune femme l'écouta, la tête penchée de côté, et bientôt une expression satisfaite se peignit sur son visage.

– Oui, dit-elle, vous pouvez aller chercher la compagne du dragon. Plus tôt ces deux-là seront réunis, mieux cela vaudra.

La souris détala sans attendre, emmenant Poivre et le dragon avec elle.

– C'est bien ce que je pensais, dit Nanette en les regardant partir. Le dragon a avoué être responsable de nombreuses morts, qu'il regrette profondément, mais il assure qu'il n'a rien à voir avec la disparition du prince Christopher, voici des années. Il se rappelle cependant qu'en survolant la ville la nuit où l'enfant a disparu, il a vu une femme habillée en nourrice emmener un petit garçon et un lionceau apprivoisé dans les montagnes. Il s'est approché d'eux par curiosité, mais la femme a tenté de lui jeter un sort et il s'est enfui.

La jeune femme se tourna vers la princesse :

– Comment s'appelait la nourrice de votre frère ? Vous en souvenez-vous ?

– Belle, murmura tristement la princesse.

– Belladonna ! crièrent en chœur Alice et Aurore.

Oui, confirma Nanette d'un air sombre. Belladonna.

Aurore était devenue très pâle.

– Votre frère s'appelait Christopher, n'est-ce pas ? demanda-t-elle à la princesse.

– Oui.

– Et vous le surnommiez Kit ?

La petite altesse hocha la tête.

– Kit ! Kit est un prince ! s'écria Alice.

Elle s'arrêta net en se rappelant que Kit était mort et jeta un coup d'œil à Aurore, dont le visage avait pris une teinte cendreuse.

– Vous le connaissez ? demanda la princesse, stupéfaite.

– Je suis désolée, répondit Aurore d'une voix étranglée. Hélas, j'ai une terrible nouvelle à vous annoncer. Kit est mort. Belladonna l'a tué dans la forêt.

La princesse éclata en sanglots.

– Je venais tout juste de me faire à l'idée qu'il était vivant, et voilà qu'il est de nouveau mort. Il y a de quoi vous chambouler, vraiment.

Tandis qu'on se rassemblait autour de la princesse pour la consoler, Alice prit les mains d'Aurore et murmura :

– Ainsi, tu le savais... Je suis tellement désolée, Aurore. Je ferais n'importe quoi pour le ramener. Il t'aimait tant.

Aurore déglutit avec peine.

– Nous voulions nous marier, Alice ! Nous aurions trouvé un moyen de nous débarrasser de Belladonna et ensuite nous aurions vécu heureux, tous les quatre heureux au manoir Eden : toi, Nico, Kit et moi, jusqu'à la fin des temps.

Une larme roula sur sa joue. Alice était rongée par la culpabilité. À cause de sa jalousie, elle avait détruit le bonheur de sa sœur bien-aimée. Si elle n'avait pas abandonné Kit dans les bois, il serait peut-être encore en vie. Comment pourrait-elle l'avouer à Aurore ?

Soudain, des cris fusèrent derrière les grilles du Palais, où des gens s'étaient rassemblés. Un garde traversa la pelouse jusqu'à la table.

– Je vous demande pardon, Votre Altesse, mais sept frères se sont présentés au portail avec un cadavre et ils demandent à vous voir. Ils prétendent qu'ils ont des nouvelles importantes à vous communiquer.

– Faites-les entrer, dit la princesse, mais qu'ils s'essuient les pieds avant. Je ne veux pas de boue sur ma pelouse.

Peu après, une étrange procession traversa le jardin en direction de la table. Un petit homme ouvrait la marche, guidant ses frères qui portaient un cercueil en verre sur leurs épaules. Arrivés devant la princesse, les trois sœurs et Nanette, ils posèrent doucement le cercueil par terre et s'inclinèrent. Aurore poussa un petit cri et se couvrit le visage de ses mains.

– Votre Altesse, dit l'aîné des frères, nous avons trouvé ce jeune homme mort dans la forêt, sous un linceul de feuilles. Nous suivions un lièvre argenté et une souris blanche qui couraient ensemble, quand nous sommes tombés sur le corps. Nous avons reconnu tout de suite le jeune homme passé chez nous quelques jours plus tôt et nous avons décidé de le ramener à la maison et de l'enterrer convenablement. Mais, en le couchant dans le cercueil, nous avons remarqué une tache de naissance en forme de dragon sur sa nuque, et cela nous a rappelé le prince qui a disparu il y a de longues années. Alors, nous vous l'avons amené, Votre Altesse.

– Kit ! C'est mon frère Kit ! s'écria la princesse, le visage baigné de larmes.

– Kit ! C'est mon amour Kit ! dit Aurore d'une voix brisée.

– Mon frère disparu, ajouta la princesse.

– Mon amour perdu, renchérit Aurore.

Alice enlaça sa sœur.

– Nous allons l'enterrer dans le cimetière du Palais, décida la princesse.

Aurore posa une main sur le cercueil en verre et contempla le visage de Kit. Ses lèvres et ses joues étaient roses comme s'il était simplement endormi et rêvait paisiblement. Elle brûlait de toucher sa peau une dernière fois, de lui donner un dernier baiser avant qu'il soit enseveli pour toujours dans la terre froide et sombre. La princesse devina ce qu'elle avait à l'esprit.

– Ouvrez le cercueil, ordonna-t-elle aux sept frères. Nous voulons lui dire adieu.

Les petits hommes soulevèrent avec précaution le couvercle du cercueil. La princesse se pencha et embrassa doucement son frère sur le front. Puis elle recula, en larmes, et Aurore prit sa place. La jeune fille se pencha à son tour et posa un baiser sur le front de Kit. Lorsque ses lèvres frôlèrent sa peau, si chaude au toucher, un sanglot lui échappa et elle pressa sa bouche contre la sienne, le relevant pour mieux l'enlacer. Ce geste délogea le morceau de pomme empoisonnée coincé dans sa gorge, et il jaillit de ses lèvres. Kit ouvrit alors les yeux et rendit son baiser à Aurore.

– Mon Aurore, chuchota-t-il.

– Mon Kit, murmura-t-elle.

La princesse poussa un petit cri stupéfait. Alice en resta bouche bée. Zeus joignit ses pattes de devant, ravi, et une larme roula sur la joue de Nanette.

– Aurore, mon seul amour, chuchota Kit en embrassant de nouveau sa bien-aimée.

– Je l'espère bien ! dit la jeune fille. Mais arrêtez de m'embrasser pour le moment. Vous devez donner un baiser à Nico.

Kit parut troublé.

– Aurore, j'aime beaucoup votre petite sœur, mais je n'ai pas envie de l'embrasser. C'est vous que...

– Je sais que vous avez été à moitié mort, Kit, l'interrompit Aurore avec impatience, et que votre cerveau fonctionne au ralenti, mais essayez quand même de comprendre ! Vous devez embrasser Nico parce qu'elle a été changée en grenouille et que vous êtes un prince cent pour cent authentique. C'est le seul moyen de rompre l'enchantement.

– Un prince ! s'exclama Kit, encore plus troublé. Je n'ai rien d'un prince ! Êtes-vous sûre de ne pas vous tromper ?

– Certaines, affirmèrent en chœur Alice, Aurore et la princesse.

– Ne te casse pas la tête à ce sujet, nous t'expliquerons après, dit Alice. Contente-toi d'embrasser Nico avant qu'il soit trop tard.

Aurore regarda soudain autour d'elle comme si elle avait perdu quelque chose.

– Où est Nico ? demanda-t-elle.

Ils appelèrent tous la petite fille. Alice regarda le banc sur lequel elle s'était assise un moment plus tôt et constata que la flûte aussi avait disparu, fouilla dans sa poche, en vain.

– Qu'est-ce qui se passe ? s'enquit Aurore en la voyant blêmir.

– Je crois que je sais où est Nico, murmura Alice. Elle est partie rapporter la flûte dans le monde souterrain. Elle sait qu'elle va mourir bientôt, de toute façon, alors elle y est allée pour m'éviter de le faire.

Ses yeux s'emplirent de larmes.

– Elle se sacrifie pour moi. Venez, il faut absolument la rattraper.

– Il n'y a pas une seconde à perdre, renchérit Nanette. Nous devons descendre dans le monde souterrain.

– Je peux vous emmener jusqu'à l'entrée avec le char à bancs du Palais, proposa la princesse. Je conduirai et tu t'assiéras à côté de moi, Kit, pour me raconter tout ce qui t'est arrivé.

– D'accord, accepta Alice. Mais dépêchez-vous, ou nous arriverons trop tard. Nous vous retrouverons au portail.

La princesse, Aurore et Nanette coururent vers le garage du Palais, un bâtiment plaqué or de la taille d'une maison. Kit allait les rejoindre, mais Alice posa une main sur son épaule et l'arrêta. Elle rougit, le regard rivé sur ses chaussures.

– Kit, bafouilla-t-elle, j'ai été terriblement injuste avec toi. Je n'aurais jamais dû te parler comme je l'ai fait. Je t'ai menti : Aurore t'aime énormément et t'aimera toujours.

Kit eut un petit sourire crispé.

– Comme elle t'aimera toujours toi aussi, Alice, dit-il avec bienveillance.

– Ne sois pas aussi gentil avec moi, protesta la fillette en essuyant rageusement ses larmes. J'ai failli causer ta mort.

– Non, démentit Kit. C'est Belladonna qui a voulu me tuer, pas toi. Et de toute façon je suis vivant, non ? Il n'y a donc rien à se reprocher, ajouta-t-il avec un grand sourire.

– Je regrette, murmura tout de même Alice.

– Ne regrette rien, insista Kit. Et sache que je n'essaie pas de te prendre Aurore, Alice. Je pense que ta sœur a assez d'amour pour nous deux.

Le son d'une corne interrompit leur conversation. Kit prit Alice par la main et l'entraîna en courant vers le char à bancs.

25

Morte dans les bois

– Stop ! cria Alice.

Le char à bancs s'immobilisa dans un grincement abominable. La conduite de la princesse était assez périlleuse et pas seulement parce que sa couronne, trop grande pour elle, ne cessait de lui tomber devant les yeux. D'ailleurs, après avoir négocié un virage en épingle particulièrement terrifiant, elle l'avait donnée à Kit, avec ces mots :

– Tiens, prends-la. De toute façon, elle te revient, et je serai ravie d'en être débarrassée.

Les pneus arrière du char fumaient encore suite au freinage brusque de la princesse. Alice sauta du véhicule et se précipita à l'avant. Alors que Son Altesse les transportait à toute allure, elle avait soudain aperçu Nico sur le chemin, devant le char. Un instant, la fillette craignit que sa sœur ait été aplatie, mais, alors qu'elle inspectait le pneu avant gauche, la petite grenouille bondit devant son nez et s'éloigna sur la route en sautillant. Alice s'élança derrière elle.

– Nico, attends ! Arrête-toi ! On a trouvé un prince pour t'embrasser !

– Je ne te crois pas. Tu dis ça pour me retenir, coassa Nico sans ralentir.

– Si, c'est vrai, je te jure ! cria Alice.

– Je parie que tu as croisé les doigts dans ton dos en parlant.

– Non !

– D'accord, alors montre-moi ce prince, dit Nico.

Elle s'arrêta et rebroussa chemin.

Kit descendit du char à bancs. Nico le regarda fixement.

– Ce n'est pas un prince, c'est Kit, déclara-t-elle. Et il n'était pas censé être mort ?

Un large sourire éclaira le visage du jeune homme. Il se frottait le front : sa tête venait de heurter le pare-brise suite à l'arrêt brutal du véhicule. Le choc avait fait glisser sa couronne, mais lui avait donné des rudiments de langage grenouille.

– J'ai seulement failli mourir et je suis réellement un prince, à ce qu'il paraît. Il faut encore que je me fasse à cette idée, avoua-t-il en redressant sa couronne.

Nico le regarda de haut en bas.

– C'est une blague.

– Non ! s'écria Alice. Laisse Kit t'embrasser et tu verras.

– Oh ! c'est bon, qu'il m'embrasse, accepta Nico d'un ton bougon.

Kit s'agenouilla et approcha son visage de la petite grenouille.

– Allez, embrassez-la ! le pressa Aurore.

Kit se pencha et posa un petit baiser sur le front de Nico, mais rien ne se produisit.

– J'en étais sûre ! coassa-t-elle, furieuse. C'était juste une ruse pour me faire rendre la flûte !

– Tu dois l'embrasser sur les lèvres, dit Alice à Kit, d'un ton sans réplique.

Kit fit la grimace et s'exécuta. Aussitôt, un épais nuage de fumée verte se forma. Lorsqu'il se dissipa, une petite fille était assise sur la route à la place de la grenouille. Nico avait repris sa forme humaine ! Elle émit un coassement qui se changea en un énorme rot et parut très surprise. Sa peau avait encore une teinte légèrement verdâtre. Tout le monde applaudit et ses sœurs coururent l'embrasser. Kit s'essuya la bouche sur sa manche.

– Berk ! C'était le baiser le plus visqueux que j'aie jamais donné.

– Tu pourrais être un peu plus galant, observa Nico.

Elle lui sourit de toutes ses dents.

– Notre Kit ! Un prince ! Qui l'aurait cru ? Si je comprends bien, ça signifie qu'Aurore va devenir une princesse et vivre au Palais...

Elle grogna et se frotta le ventre.

– Je suis beignaffamée. Quelqu'un aurait-il un beignet ?

– Est-ce qu'une madeleine fera l'affaire ? demanda Aurore en fouillant dans sa poche.

À ce moment-là, Alice entendit de nouveau la flûte qui jouait une mélodie séductrice et empoisonnée dans son cerveau, lui imposant de faire demi-tour. Elle l'ignora et contempla Aurore et Kit. S'ils se mariaient, elles devraient quitter le manoir Eden pour vivre au Palais de Quelque Part, dont Kit deviendrait le roi. La fillette éprouva soudain une démangeaison familière et reconnut une vieille amie indésirable : la jalousie.

Elle se tourna et s'éloigna, seule.

– Alice, où vas-tu ? s'écria Nico.

– J'emporte la flûte dans le monde souterrain, répondit Alice d'un ton brusque.

– Pas sans nous, sûrement pas ! déclara fermement Aurore.

Elle passa devant sa sœur pour lui barrer le passage.

– C'est vrai, approuva Kit. Cette histoire de flûte nous concerne tous. Nous venons avec toi.

– Tu ne pensais quand même pas qu'on te laisserait partir toute seule, dit gentiment Nanette.

Alice considéra leurs airs déterminés.

– D'accord, dit-elle d'une petite voix crispée. Si ça vous fait plaisir...

– Il vaut mieux continuer à pied, déclara Nanette qui craignait que la princesse les tue en route. Ce sera moins voyant, ajouta-t-elle diplomatiquement.

Ils dirent donc au revoir à la princesse, qui fit un virage à angle droit et démarra en trombe au milieu d'un nuage de poussière.

La petite troupe s'éloigna entre les arbres, parallèlement au chemin, en guettant Belladonna. Ils étaient sûrs que la sorcière était tout près. Une fois ou deux, Alice crut entendre la musique du manège, apportée par le vent. Nanette marchait devant en tenant Nico par la main. On aurait dit une mère et sa fille se promenant dans les bois pour le plaisir. Derrière elles venaient Aurore et Kit, tendrement enlacés. Alice, qui fermait la marche, donnait des coups de pied dans les cailloux en ronchonnant. Elle en voulait aux autres d'être heureux et se reprochait de leur en vouloir. Dans sa poche, la flûte était brûlante et l'appelait avec insistance, lui criant d'abandonner son projet et de renoncer à la rapporter dans le monde souterrain. L'instrument préférait clairement rester dans ce monde-ci. Alice devait se concentrer très fort pour résister à ses murmures incessants, et ses jambes lui paraissaient aussi lourdes que si elle pataugeait dans de la boue. Soudain, Nanette s'arrêta et posa un doigt sur ses lèvres.

– Qu'y a-t-il ? chuchota Alice d'une voix grincheuse.

– Je ne sais pas, répondit Nanette. Il me semble avoir entendu bouger quelque chose. Tu veux aller voir, Alice ?

– Pourquoi moi ? rétorqua farouchement la fillette. Pourquoi c'est toujours moi qui dois faire les choses dangereuses ?

Nanette parut déconcertée.

– Mais parce que tu veux toujours faire des choses dangereuses, Alice ! dit Nico. D'habitude, on ne peut pas t'empêcher de foncer sans réfléchir !

– C'est bon, je vais y aller, dit doucement Nanette.

– Non, fit Alice, avec un mélange désagréable de rancœur et de culpabilité. J'y vais.

Elle les dépassa et s'éloigna sans un mot.

– Qu'est-ce qu'elle a ? demanda Nico, au bord des larmes.

– C'est la flûte, expliqua Nanette. Alice doit lutter à chaque pas, car la flûte veut l'empêcher de la rapporter au Pays Sans Retour. Plus nous approchons, plus c'est difficile pour elle, parce que l'instrument lutte pour sa propre survie. Mais je pense que ce n'est pas tout. Alice a compris que sa vie ne sera plus tout à fait comme avant si Aurore et Kit vivent ensemble. Quelquefois, c'est difficile d'accepter le changement, ajouta-t-elle tristement.

Elle soupira.

– Ça lui passera... En attendant, soyons gentils avec elle.

Elle s'assit sur un tronc à côté de Nico. Aurore et Kit s'éloignèrent un peu afin de se retrouver seuls.

Ils s'arrêtèrent dans une clairière, et Kit prit la main d'Aurore dans la sienne.

– Pourrez-vous jamais me pardonner, Aurore ?

– C'est déjà fait, Kit.

La jeune fille sourit, et ses yeux violets brillèrent comme mille soleils.

– Aurore, vous m'avez dit un jour que, si je voulais votre cœur, je pouvais le prendre. Je sais que j'ai commis une grave erreur, mais si l'offre tient toujours, j'aimerais avoir votre cœur aujourd'hui, s'il vous plaît.

– Mon cœur est à vous et à vous seul, murmura Aurore. Je vous le donne volontiers.

– Et moi, je vous donne le mien, déclara Kit.

Ils s'embrassèrent timidement, et ce fut le moment que choisit Belladonna pour surgir de derrière l'arbre où elle se cachait. Aurore hurla et Kit poussa un cri effrayé. Le visage de la sorcière était fissuré de profondes crevasses, comme la terre craquelée d'un désert, ses yeux étaient des puits troubles d'un bleu pâle et son corps était tordu comme une branche noueuse. Elle pâlit en voyant Kit.

– Tu es mort ! croassa-t-elle.

– Je ne me suis jamais senti aussi bien, répondit Kit, en se plaçant devant Aurore.

– J'aurai son cœur. Il est à moi et je le réclame, dit Belladonna avec un rictus mauvais.

– Il n'en est pas question ! dit Kit d'un ton ferme.

Il lui barra le chemin de son corps.

– Tu ne peux pas m'arrêter, lança la sorcière en levant son couteau.

– Si, rétorqua Kit sans faiblir. Vous arrivez trop tard. Vous ne pouvez pas avoir son cœur, car elle vient de me le donner. Le cœur d'Aurore ne lui appartient plus, il est à moi.

La peau de Belladonna prit une couleur de porridge froid, ses yeux étincelèrent et elle poussa un cri de fureur en abattant son couteau sur Kit. Aurore vit briller la lame et se jeta devant le jeune homme. Le couteau scintilla un instant dans l'air avant que Belladonna le plonge dans la poitrine d'Aurore. Un ruban écarlate jaillit de la blessure et décrivit un grand arc dans l'air. Nico, qui accourait dans la clairière, suivie de Nanette, hurla. En un clin d'œil, la peau d'Aurore devint livide et elle vacilla. Du sang fleurissait sur sa poitrine comme une pivoine. Ses genoux flanchèrent, et elle serait tombée si Kit ne l'avait pas saisie dans ses bras pour la soutenir. Un bref instant elle le regarda, ses yeux perdus dans les siens.

– Je vous aime, Kit, murmura-t-elle. Prenez bien soin de mon cœur.

Ses paupières papillonnèrent.

– Dites à Alice... dites à Alice... pour toujours et à jamais...

Aurore ferma les yeux et, avec un petit soupir mélancolique, elle cessa de respirer. Kit poussa une plainte désespérée, mais son cri fut recouvert par un bruit bien plus terrible venant de Belladonna.

La sorcière commençait à se dissoudre à partir des pieds et en montant vers le buste, comme si elle était plongée dans un bac d'acide. Ses hurlements étaient si horribles que les lapins du bois se réfugièrent dans leur terrier et n'en sortirent pas de deux jours.

– Les règles ! J'ai enfreint les règles ! dit-elle d'une voix haletante, entre deux plaintes. J'ai voulu prendre un cœur qui appartenait à quelqu'un d'autre !

Autour d'elle, l'air crépitait et sifflait. Elle poussa un dernier hurlement de détresse, effrayant, puis elle disparut complètement.

Soudain, on entendit non loin le bruit d'une fête foraine qui se déplaçait : la musique d'un manège, de plus en plus proche, et les essieux des roulottes qui grinçaient dans les ornières d'un chemin voisin. La température chuta brusquement. Nanette frissonna et posa un doigt sur ses lèvres, en signe d'avertissement. Dominant le brouhaha, les cris des forains haranguaient un public invisible : « Tente ta chance, ma belle ! » ou encore : « Tout le monde gagne ! » Des cris d'effroi s'échappaient du train fantôme, le manège tournait à vide et, chose encore plus étrange, les nacelles de la grande roue se balançaient d'avant en arrière, bien qu'il n'y eût personne à l'intérieur. Des éclats de rire fantomatiques résonnaient dans l'air à intervalles réguliers. Lorsqu'elles parvinrent à l'endroit où Belladonna avait disparu, les premières roulottes commencèrent à siffler et se dissoudre. Bientôt, une attraction après l'autre, toute la fête foraine s'évapora dans les airs, ne laissant derrière elle qu'un léger parfum de barbe à papa. Après avoir couru désespérément derrière les roulottes, comme pour les empêcher d'être englouties, Hermès fut à son tour avalé par la terre.

Tandis que le serviteur de Belladonna disparaissait sous leurs yeux, Nico courut vers Kit, qui berçait toujours dans ses bras le corps inanimé d'Aurore. Elle l'enlaça et Nanette les étreignit tous les trois en versant des larmes silencieuses.

Messages des morts

– Aurore ! Nico ! Aurore ! Où êtes-vous ?

Alice fonçait à l'aveuglette dans les fourrés pour rejoindre la clairière. Partie en reconnaissance dans le sous-bois, elle n'avait rien trouvé d'inquiétant. Elle envisageait de pousser son exploration plus loin, quand un sentiment de panique inexplicable l'avait submergée, comme si le monde avait brusquement basculé et s'était mis à tourner à toute allure. Elle avait fait demi-tour et était revenue en courant vers les autres, son malaise se décuplant à chaque pas. Malgré son affolement, elle entendait toujours la flûte qui l'appelait, mais sa voix avait quelque chose de différent. C'était comme si elle ne bataillait plus aussi fort contre elle. Sa mélodie était plus douce et plus amicale, on aurait dit qu'elle lui souhaitait la bienvenue. Cependant, tandis qu'elle courait vers la clairière, l'appréhension de la fillette ne cessait d'augmenter. Elle avait l'impression de foncer vers le bord d'une falaise. Elle était presque arrivée, quand Nico surgit sur le chemin. En voyant le visage décomposé et l'expression de profond désarroi de sa petite sœur, Alice comprit aussitôt que quelque chose de terrible s'était produit.

– Qu'y a-t-il ? Que s'est-il passé ? demanda-t-elle d'une voix pressante.

Les yeux de Nico débordèrent de larmes et, lorsqu'elle ouvrit la bouche, le seul mot qu'elle parvint à articuler fut : « Aurore, Aurore, Aurore... »

– Qu'y a-t-il ? insista Alice, en scrutant le visage éploré de sa sœur. Quelque chose est arrivé à Aurore, c'est ça ?

Nico hocha la tête.

– Elle est... elle est...

Sa voix se brisa dans un sanglot. Alice la dévisagea avec anxiété. Nico rouvrit la bouche pour parler.

– Non, non, ne me dis rien, ne me dis rien ! cria Alice en se bouchant les oreilles.

Après tout, tant que Nico n'avait pas annoncé le pire, elle pouvait croire qu'il ne s'était pas produit.

– Je ne veux pas savoir ! ajouta-t-elle.

Mais elle savait déjà. Elle voyait l'abominable vérité inscrite sur le petit visage désolé de Nico et elle sentait l'absence d'Aurore. Il lui semblait qu'une partie d'elle-même était morte. Elle renversa presque sa sœur en la poussant pour passer devant elle. Lorsqu'elle atteignit la clairière, elle embrassa la scène d'un seul regard, se jeta sur le corps d'Aurore et l'étreignit. Il était encore chaud ; elle paraissait juste endormie.

– Réveille-toi, Aurore, réveille-toi ! sanglota-t-elle en secouant sa sœur.

Nanette posa une main douce sur son épaule.

– Elle ne peut pas, Alice. Elle est morte.

– Ce n'est pas possible ! se révolta Alice. Elle se réveille toujours !

– Pas cette fois. Cette fois, elle est partie, dit Nanette.

– Mais vous pouvez sûrement faire quelque chose ! supplia la fillette, la voix entrecoupée de sanglots.

Nanette secoua tristement la tête.

– J'aimerais avoir ce pouvoir. Hélas, la mort est beaucoup plus puissante que moi ou que n'importe qui sur cette Terre.

Elle marqua une pause et regarda le visage strié de larmes d'Alice.

– Mais toi, tu peux faire quelque chose. Tu peux continuer et achever ta quête. Rapporte la flûte au Pays Sans Retour. Pour Aurore.

– Je ne veux pas continuer, je veux rentrer à la maison ! cria Alice, mais sa voix s'éteignit quand elle se rendit compte que, sans Aurore, le manoir Eden ne serait jamais plus une vraie maison.

– Tu dois te décider seule, reprit Nanette, sans la juger.

Alice la fixa.

– Ne dites pas ça ! riposta-t-elle, furieuse. Vous devez me convaincre de continuer la quête !

– Toi seule peux en décider, répéta Nanette.

Alice sentit la flûte devenir brûlante dans sa poche.

– Ça ne rime plus à rien. Pas sans Aurore.

Elle se tourna vers Kit.

– Viens, dit-elle. Aide-moi à la porter. Nous allons la ramener au manoir Eden, où est sa place.

Kit la regarda gravement.

– Alice... Je pense qu'Aurore aurait voulu que tu continues.

– Comment tu peux le savoir ? cria la fillette.

– Parce que je l'aimais, répondit simplement Kit. Comme tu l'aimais, Alice, comme Nico et Nanette l'aimaient aussi. Tu n'étais pas la seule à aimer Aurore.

Alice le dévisagea, les poings serrés, les yeux noirs et le teint livide.

– Eh bien, si tu l'aimais tant, tu peux la garder !

Sur ces mots, elle tourna les talons et repartit dans la direction de Quelque Part. Dans sa poche, la flûte semblait l'encourager. Mais Alice entendait aussi une autre voix : celle de sa mère qui l'incitait à descendre la rejoindre dans le monde souterrain. Nico courut derrière elle.

– Alice ! Alice ! Reviens ! J'ai besoin de toi ! Nous avons tous besoin que tu continues. Sinon, Aurore sera morte pour rien.

Alice continua à marcher.

– Non, dit-elle sans se retourner. Le docteur Sauvage est mort. Belladonna est morte. Il n'y a plus de raison pour l'instant de rapporter la flûte au Pays Sans Retour.

Nico fondit en larmes. Non loin de là, Nanette était assise sans bouger, courbée, les yeux fermés comme si elle se concentrait sur un son très ténu.

Soudain, elle se redressa d'un bond et, quand elle parla, sa voix était étrange et lointaine.

– Alice ! Reviens. Il faut absolument que tu continues.

– Non. Aurore est morte. C'est fini. Je m'en vais. Je ne peux pas continuer, répondit Alice par-dessus son épaule.

– Mais il le faut ! cria Nanette. J'entends Aurore. Elle m'envoie un message. Le monde souterrain ne l'a pas encore complètement absorbée. Elle est coincée dans une file d'attente... une histoire de lapins. Il y a une chance – une chance infime – qu'en allant dans le monde souterrain tu puisses la ramener.

Alice fit brusquement volte-face.

– Je ne vous crois pas. Vous me racontez des salades pour m'obliger à poursuivre ma quête.

– Je ne mens pas. Je reçois vraiment un message, insista Nanette, la voix teintée de désespoir. Je l'entends, en ce moment même. Elle me supplie de t'envoyer à son secours. Elle dit qu'il n'y a pas de placards à linge dans le monde souterrain et qu'elle ne pense pas pouvoir se plaire dans ce genre d'endroit.

– C'est Aurore ! s'écrièrent ensemble Kit et Nico. Alice, tu dois écouter Nanette.

– Elle ment, affirma la fillette d'une voix glacée.

– Attends ! appela Nanette. J'entends autre chose.

Elle frissonna, comme prise d'un spasme.

– Aurore répète des mots que je n'arrive pas bien à comprendre. Une bribe de phrase étrange, qu'elle ne cesse de répéter avec ton nom, Alice. Ça ressemble à « pour toujours... à jamais ».

Alice pirouetta.

– Qu'est-ce que vous avez dit ?

– Attends ! Elle recommence.

Nanette fronçait les sourcils, l'air concentré.

– « Nous trois seules. Nous trois ensemble. Pour toujours et à jamais », lâcha-t-elle, pensive. Il y a quelqu'un d'autre avec elle. Une femme, qui parle de truffes au chocolat.

Alice fut secouée par un énorme sanglot. Elle courut vers Nanette et jeta ses bras autour de son cou.

– C'est vrai ! C'est Aurore ! C'est vraiment elle. Et c'est Léa, notre maman !

Elle se redressa et apostropha sa petite sœur :

– Allons, Nico, qu'est-ce que tu attends ? Il faut qu'on file. On doit aller chercher Aurore dans le monde souterrain et la ramener avec nous.

La petite fille parut hésiter.

– N'est-ce pas impossible ? demanda tristement Kit.

– L'impossible est ma spécialité, assura Alice.

Elle tendit la main au jeune homme avec un sourire embarrassé :

– Tu devrais venir avec nous. Je suis sûre qu'Aurore sera impatiente de te voir.

Kit prit sa main dans la sienne et la serra très fort.

– Si Kit va dans le monde souterrain, je viens aussi, annonça Nico, finalement décidée.

– Moi aussi, déclara Nanette.

Dans le monde souterrain

– Ici ? C'est l'entrée du monde souterrain ? Je ne le crois pas ! s'exclama Alice.

– Mais si, dit Nanette. Bien sûr, ce n'est pas la seule. On trouve d'autres entrées sous de vieux cyprès. Ou enregistrées sous les lettres *M.S.* dans les bibliothèques municipales, ou encore dans les toilettes publiques, quand elles sont affublées de la pancarte *Hors service*. Une fois que tu as trouvé une entrée, tu remarques plus facilement les autres.

Ils se tenaient devant un petit bâtiment à la façade en pierre sculptée, sur laquelle étaient inscrits les mots : *Station de métro*.

– Venez, dit Nanette. Ne perdons pas de temps. Si nous ne rattrapons pas bientôt Aurore, il sera trop tard.

Ils pénétrèrent dans le hall décoré du bâtiment, franchirent les barrières automatiques et descendirent par les escalators à sens unique, puis s'approchèrent d'un guichet au-dessus duquel était écrit : *Billets*. Un petit homme voûté au visage de vieux poupon était assis derrière le guichet. Nanette s'avança.

– Quatre allers-retours, s'il vous plaît.

L'homme regarda le petit groupe d'un drôle d'air.

– Certainement pas, dit-il. C'est hors de question. Je risquerais de perdre mon travail.

Nanette discuta calmement avec l'employé qui persistait à secouer la tête, pendant qu'Alice trépignait d'impatience. À ce moment-là, plusieurs lutteurs de sumo pénétrèrent dans le hall.

– Par ici ! les appela le guichetier.

Puis, s'adressant à Nanette :

– Pouvez-vous vous mettre de côté, je vous prie ?

Les sumotori se présentèrent au guichet.

– Six, c'est ça ? demanda l'employé en consultant un formulaire.

L'un des lutteurs fit signe que oui.

– Voilà vos tickets pour franchir la barrière. N'oubliez pas de les présenter à la borne en entrant et sortant. Le train part du quai numéro 1. Il y en a un qui doit arriver d'une minute à l'autre, mais prenez votre temps, inutile de vous presser.

Les lutteurs franchirent la barrière et disparurent dans l'escalator. Le petit homme se tourna vers Nanette.

– Le plancher s'est effondré lors du championnat national de sumo, expliqua-t-il. Il n'a pas supporté le poids. Je suis étonné qu'il n'y ait pas davantage de morts.

– Écoutez, dit Nanette d'un ton pressant. Je sais que c'est une requête inhabituelle, mais nous devons à tout prix nous rendre dans le monde souterrain le plus vite possible. Nous essayons de rattraper quelqu'un.

Elle dut laisser passer deux hommes qui arrivaient en boitant, des cordes et des pics passés à l'épaule.

– On n'a qu'à sauter par-dessus la barrière ! suggéra Alice, exaspérée.

– N'y songe pas, la prévint Nanette. Tu pourrais réussir, mais dans le cas contraire tu risquerais de finir à moitié dans le monde souterrain et à moitié en dehors. Tu serais bloquée là pour l'éternité. C'est comme être dans le coma.

Elle frissonna.

– C'est un sort terrible, que je ne souhaite à personne.

Le guichetier tendit deux tickets aux alpinistes et les dirigea vers le quai numéro 1.

– Accident de montagne dans l'Everest, dit-il en les regardant franchir la barrière. L'après-midi a été chargé, j'ai bien mérité ma pause-thé. Je me régale à l'avance de ma madeleine.

Il montra une grosse madeleine au chocolat posée sur une étagère près de la bouilloire.

– Aurore ! crièrent en chœur Alice, Nico et Kit.

– Vous la connaissez ? demanda l'employé. C'est une jeune fille délicieuse. Vous l'avez manquée de peu. Elle faisait la queue. Nous avons dû fermer les barrières un moment, parce qu'il y avait trop de monde sur le quai. Une brutale épidémie de myxomatose a décimé plusieurs terriers de lapins et ils sont tous arrivés ensemble. Il a fallu un certain temps pour contrôler la situation. On s'attendrait à ce que les gens soient contents d'avoir une demi-heure de plus pour dire adieu à leur ancienne vie, mais non ! Vous ne pouvez imaginer les plaintes qu'on a eues. Tout le monde est si pressé, de nos jours. Mais pas

Aurore. Elle distribuait tranquillement des madeleines. Elle m'en a donné une pour tout de suite et une autre pour mon thé, puis elle a astiqué la vitre de mon guichet. Croyez-moi, cette fille va être adorée de tous dans le monde souterrain.

– Aurore est ma sœur, dit Alice, au désespoir. Elle ne devrait pas être dans le monde souterrain. Elle avait toute la vie devant elle. Elle allait se marier et vivre heureuse très longtemps. Sa mort a été un terrible accident.

– Ils disent tous ça. Tous ceux qui viennent après les morts pour tenter de les ramener, dit le guichetier en secouant la tête.

Alice passa la main dans l'ouverture du guichet et la posa sur celle de l'employé.

– Je ne peux pas vivre sans elle, murmura-t-elle. S'il vous plaît...

Il y avait un tel désespoir dans ses yeux que le cœur du guichetier s'attendrit un peu.

– J'aimerais bien vous aider, mais je ne peux pas. Et de toute façon, même si vous parveniez à entrer dans le monde souterrain et à la retrouver, elle ne voudrait probablement pas revenir. Des tas de gens préfèrent le monde souterrain à ce monde-ci, une fois remis du choc de leur mort. Les installations sont sans égales et le service de première classe. Et bien sûr, si elle s'est déjà baignée dans la Rivière de l'Oubli, elle ne vous reconnaîtra même pas.

– La Rivière de l'Oubli ? répéta Alice, horrifiée.

– Ses eaux vous font oublier votre vie passée, expliqua l'employé. D'après plusieurs enquêtes scientifiques, ceux qui se baignent dans la Rivière de l'Oubli s'habituent plus vite au monde souterrain. Le personnel, là-bas, le recommande vivement aux nouveaux arrivants.

– Je dois la retrouver avant qu'il soit trop tard, sanglota Alice.

Sur ces entrefaites, une famille de quatre personnes – les deux parents, un garçon et une fille – franchit l'entrée et regarda avec hésitation autour d'elle. Le guichetier leur fit signe d'approcher.

– Voici vos tickets, lança-t-il avec entrain.

Il consulta son registre.

– C'est bizarre, j'attendais cinq personnes. Il manque la plus jeune fille.

Il feuilleta une liasse de documents et commenta :

– Ceux-ci sont morts d'indigestion après une visite à la foire nationale aux pâtés, aux saucisses et aux lardons. Deux adultes, trois enfants. Ah, voilà ! La benjamine avait droit à un ticket aller-retour, au cas où, car on avait des doutes sur son état.

Il regarda encore le formulaire.

– Bon. Il semble qu'elle soit simplement malade et n'ait plus besoin de ticket.

Il fit un signe à la famille.

– Tout droit jusqu'au quai numéro 1. Vous ne pouvez le manquer. Je vais annuler le ticket de votre petite dernière. Amusez-vous bien !

– N'annulez pas ce ticket, s'il vous plaît, implora Alice. Donnez-le-moi.

Le guichetier sentit son cœur fondre.

– Entendu. Prenez-le. Mais si quelqu'un vous interroge, ne dites surtout pas que c'est moi qui vous l'ai donné. Dites que vous l'avez trouvé.

– Merci, fit Alice, les larmes aux yeux.

L'employé sourit et secoua la tête :

– J'espère que vous pourrez retrouver et ramener votre sœur, mais n'ayez pas trop d'espoir. Depuis le temps que je suis à ce guichet, des années, personne n'a réussi à ramener un être aimé. Pas même cet Orphée qui avait le même air déterminé que vous. Enfin, quoi que vous fassiez, arrangez-vous pour être de retour ici avant minuit. Le dernier train part de là-bas à 23 h 45. Il ramène la dernière équipe d'employés chez elle, mais il s'arrête ici en route. Vous devez absolument le prendre. Je tire les grilles et les ferme à clé à minuit précis. Si vous êtes du mauvais côté à minuit, vous devrez rester dans le monde souterrain pour toujours. Oh, et surtout, ne mangez rien pendant que vous serez là-bas. Autrement, votre ticket retour serait annulé. C'est la mésaventure qui est arrivée à la fameuse Perséphone... Mais bon, si je m'en souviens bien, sa mère a fait un tel remue-ménage qu'ils ont fini par trouver un accord.

L'homme sourit de nouveau à Alice.

– J'espère que vous ne ferez pas de bêtises, sinon ce serait l'enfer pour moi. Un cauchemar administratif. Je serais condamné à remplir des formulaires en trois exemplaires pour l'éternité.

Alice se tourna vers ses compagnons.

– Il n'y a qu'un ticket, alors j'y vais, déclara-t-elle fermement.

Kit et Nico protestèrent, mais la fillette était décidée. Elle les embrassa tous les deux, et Nanette ouvrit les bras pour la serrer contre son cœur. Alice sentit qu'elle aurait pu rester là indéfiniment.

– Tu n'oublieras pas la flûte, n'est-ce pas ? lui demanda la jeune femme.

– Ça ne risque pas ! répondit Alice. Après tous les problèmes qu'elle m'a causés !

Elle sentit la flûte bouger dans sa poche comme si elle savait qu'on parlait d'elle.

Depuis la mort de Belladonna, l'instrument s'était fait plus présent que jamais dans les pensées de la fillette. C'était comme s'il l'appelait tout le temps, pour lui jouer une interminable sérénade.

– Dès que j'aurai trouvé Aurore, promit-elle, je rapporterai la flûte au Pays Sans Retour, et ensuite nous sortirons de là.

– Alice, tu sais que tu n'arriveras peut-être pas à ramener Aurore ? lui demanda sérieusement Nanette.

– Non, répondit Alice. Je ne veux même pas envisager cette possibilité.

– Tu seras prudente, n'est-ce pas ?

– Bien sûr ! Mais j'ai affronté Belladonna et le docteur Sauvage, et j'ai survécu. Après ça, je suis prête à affronter ce que le monde souterrain pourra m'envoyer de pire.

Nanette eut un petit sourire crispé.

– Reste sur tes gardes, Alice. La mort n'est pas ta seule ennemie : tu devras te défier aussi des morts eux-mêmes. Tu vas entrer dans leur monde. Sur leur territoire, ils seront les plus forts.

Alice en avait assez entendu. Elle courut à la barrière, présenta son ticket à la borne de lecture et, après un dernier signe de main à ses compagnons, s'engagea dans l'escalator.

La Rivière de l'Oubli

Un train partait quand Alice arriva sur le quai numéro 1, mais le panneau d'affichage indiquait qu'un autre serait là dans une minute. Il n'y avait personne d'autre sur le quai. Peu après, un violent courant d'air annonça l'arrivée du convoi. Les portes s'ouvrirent et Alice monta dans une voiture déjà occupée par plusieurs personnes âgées, une gerbille, un labrador et deux poissons rouges dans un bocal. Une voix artificielle leur commanda de s'éloigner des portes, puis le train se mit en branle. Il s'arrêta dans d'autres stations, où quelques personnes et un cheval montèrent, mais où personne ne descendit. Puis il s'arrêta de nouveau et une autre voix annonça dans les haut-parleurs :

– Terminus. Tout le monde descend.

Les passagers quittèrent le train et se dirigèrent vers les panneaux *Sortie*. Alice se fraya un passage dans la foule qui faisait la queue pour franchir les barrières. Au loin, elle aperçut une tête blonde.

– Aurore ! cria-t-elle.

Plusieurs personnes se détournèrent. Alice fonça en avant en bredouillant de vagues excuses et attrapa la jeune fille blonde par le bras. Ce n'était pas Aurore. Submergée par la déception, elle atteignit la barrière, plaqua son ticket sur la borne de lecture et se glissa entre les portes ouvertes. Elle emprunta un tunnel au pas de course et sortit au grand air, où le soleil l'obligea à cligner des yeux.

Le tunnel débouchait sur une pelouse bien entretenue, au centre de laquelle trônait une horloge. Des tables et des sièges en rotin étaient installés un peu partout, et des serveuses en uniforme noir et tablier blanc servaient des sandwichs au concombre, des macarons, de la confiture et de la crème fraîche, ainsi que des portions de forêt-noire. Non loin, des gens jouaient au croquet et aux boules. Plusieurs jeunes femmes en uniforme, munies de blocs-notes, orientaient les nouveaux arrivants et inscrivaient leur nom. Alice alla trouver l'une d'elles.

– Bonjour, je cherche ma sœur, Aurore Eden. Pouvez-vous me dire si elle est passée par ici ?

La femme consulta une liste de noms.

– Aurore Rose Grâce Eden. Vous l'avez manquée de peu.

– Où est-elle allée ? demanda Alice.

– Elle m'a semblé un peu perturbée, alors je l'ai envoyée directement se baigner dans la Rivière de l'Oubli. Elle se remettra de ses émotions en un rien de temps... C'est probablement déjà le cas, répondit aimablement la femme.

– C'est par où ?

– Vous devez d'abord me donner votre nom. C'est curieux, je n'ai pas d'autre Eden sur ma liste, dit la femme, l'air perplexe.

– Par où va-t-on à la Rivière de l'Oubli ? insista Alice, en criant presque.

– Bon, si tu es si pressée, nous nous occuperons des formalités plus tard. Ce sera plus difficile parce que tu auras oublié qui tu es, mais du moment que tu gardes ton ticket...

– Par où ? hurla Alice, effrayant quelques lapins.

– Il faut passer devant les courts de tennis, prendre à gauche après le centre d'escalade, traverser les bois derrière le terrain de tir à l'arc, tourner à droite devant la piste de ski artificielle. Tu verras l'entrée des bains de la Rivière de l'Oubli près du pavillon.

Alice fila à toutes jambes. Elle coupa à travers le terrain de croquet et sauta par-dessus les lapins qui semaient la pagaille parmi les joueurs de boules. Elle avait la poitrine en feu, mais elle accéléra encore en passant près de la piste de ski et vit enfin devant elle l'entrée des bains. Une grande pancarte proclamait : *Laissez votre passé derrière vous pour toujours et plongez-vous dans un présent plus relaxant*. Alice y entra en trombe. Des flèches indiquaient les vestiaires. Elle se rua dans celui des femmes, où une employée lui tendit un maillot de bain, un peignoir et des lunettes.

– Changez-vous dans la cabine. La Rivière de l'Oubli est sur la gauche.

Mais Alice fonça directement vers le bassin tandis que la femme criait derrière elle :

– Pas de chaussures d'extérieur !

La fillette continua sur sa lancée et pénétra dans une grande salle qui ressemblait beaucoup à une piscine classique. Elle était équipée de plusieurs toboggans sur lesquels glissaient des enfants surexcités. On voyait cependant que le bassin avait été conçu autour d'une rivière qui serpentait en son centre, entrant à une extrémité et ressortant à l'autre. Plusieurs personnes dérivaient paresseusement sur des matelas pneumatiques en sirotant des cocktails et, du côté le moins profond, on apprenait à nager à de jeunes enfants nantis de bouées. Alice regarda désespérément autour d'elle. La salle était bondée, et elle ne voyait Aurore nulle part. Puis elle aperçut sa mince silhouette de l'autre côté de la piscine. Sa sœur se tenait sur la première marche et allait se mettre à l'eau. Elle avait déjà trempé son gros orteil.

– Aurore ! hurla Alice.

L'intéressée ne parut pas l'entendre.

– Aurore ! vociféra Alice.

Surprise, la jeune fille leva les yeux. Elle perdit l'équilibre et faillit tomber, mais se retint à la rampe juste à temps.

– N'entre pas dans l'eau, Aurore ! cria Alice.

Ignorant le panneau *Interdit de courir*, elle se précipita vers sa sœur.

Elle obligea Aurore à s'éloigner du bassin et la fit asseoir sur une des chaises-longues alignées au bord de l'eau.

– Qui êtes-vous ? demanda Aurore d'une voix hésitante.

– C'est moi, Alice, ta sœur ! répondit farouchement la fillette en la secouant.

Aurore fronça les sourcils. Elle semblait réfléchir intensément.

– Je ne pense pas vous connaître, mais je suis ravie de vous rencontrer, dit-elle avec un doux sourire. Voulez-vous venir nager avec moi ? L'eau est délicieuse.

– Aurore, s'il te plaît ! S'il te plaît, Aurore ! Souviens-toi de moi, je t'en supplie !

Alice baissa les yeux et vit l'orteil mouillé de sa sœur. Elle prit une serviette et le sécha vigoureusement, sans cesser de répéter :

– Aurore, c'est moi, Alice ! Je suis ta sœur. On a aussi une petite sœur, Nico, et on vit ensemble au manoir Eden. Toutes les trois seules, toutes les trois ensemble, pour toujours et à jamais.

– Pour toujours et à jamais, murmura Aurore.

Elle s'arrêta en fronçant les sourcils.

– Bien sûr ! dit-elle, comme si elle se rappelait quelque chose. Nous trois seules. Nous trois ensemble. Pour toujours et à jamais.

– Oui ! acquiesça Alice en riant. Aurore, Alice et Nico.

Aurore fronça de nouveau les sourcils.

– Il y avait quelqu'un d'autre..., murmura-t-elle, perplexe.

– C'est vrai, confirma Alice. Il y a quelqu'un d'autre qui compte beaucoup pour toi, comme tu comptes pour lui. C'est Kit. Il t'aime de tout son cœur et vous allez vous marier.

– Oui, dit Aurore. Je m'en souviens, maintenant. Je me souviens de tout.

Elle rit et jeta ses bras autour du cou d'Alice. Soudain, elle redevint sérieuse.

– Je suis morte, dit-elle d'une voix étranglée.

– Chut ! firent plusieurs personnes, scandalisées.

La « mort » et « être mort » étaient des mots terriblement grossiers dans le monde souterrain.

– À strictement parler, c'est vrai, reconnut Alice, mais je t'aime et il n'est pas question que je te laisse ici. Je vais te ramener à la maison, je te le promets !

– Oh, Alice ! fit tristement Aurore. J'ai toujours pensé que l'amour pouvait tout vaincre, à part la varicelle et des taches vraiment tenaces. Mais je ne suis pas sûre du tout qu'il puisse vaincre la mort.

– Fais-moi confiance, il le peut et il le fera, déclara résolument Alice. Mais avant de rentrer chez nous, nous devons rapporter la flûte au Pays Sans Retour.

29

Par-dessus le ravin

Alice et Aurore regardèrent le frêle pont de corde qui enjambait un profond ravin. Il semblait être là depuis des siècles et prêt à se disloquer à la moindre secousse. Par endroits, la corde était usée d'une manière inquiétante et il manquait un certain nombre de planches sur la passerelle. La nuit tombait. Si elles ne se dépêchaient pas, elles n'auraient aucune chance de revenir à la station de métro avant minuit. Alice songea qu'Aurore semblait morte de fatigue, puis elle mesura l'absurdité de cette pensée et reporta son attention sur le pont. La flûte remuait dans sa poche et la pressait de rebrousser chemin.

Quand elles lui avaient demandé comment se rendre au Pays Sans Retour, l'employée du bureau d'information avait paru choquée et leur avait dit que ce n'était pas un endroit pour elles. Elle leur avait proposé d'assister au cours de yoga ou à la séance de poker pour débutants qui allaient bientôt commencer.

– Je ne peux pas croire que des jeunes filles comme vous veuillent vraiment aller au Pays Sans Retour, dit-elle aimablement.

– Pourquoi pas ? demanda Aurore. Qu'y a-t-il de si spécial, là-bas ?

– C'est une contrée sauvage, à l'écart des sentiers battus, répondit la femme. Il est très difficile de s'y rendre, même avec une carte. Vous aurez un mal fou à trouver votre chemin. Ce Pays est presque impossible à localiser. Les seuls qui le trouvent sont ceux qui veulent être oubliés : les bannis, les incompris, les boucs émissaires et les gens sans cœur. Ils semblent toujours trouver le chemin, comme si un aimant puissant les attirait là-bas. C'est moins un endroit qu'un trou sur la carte : quelque chose qui a peut-être existé il y a longtemps.

– Montrez-moi ce trou sur la carte, dit Alice.

La femme soupira, mais céda devant son air buté.

– Ici, dit-elle en posant un doigt sur la carte, qu'elle lui offrit ensuite. Bonne chance, vous en aurez besoin.

Sur ces mots, elle retourna à son livre. Elle avait à peine lu six pages qu'un homme arriva en trombe et lui demanda aussi le chemin le plus court pour le Pays Sans Retour. Ses yeux froids semblaient la transpercer et la longue cicatrice qui marquait son beau visage la fit frissonner. Alors, elle lui indiqua le plus long chemin, une route qui l'obligerait à participer à une partie de chasse à l'oie ayant lieu tous les deuxièmes mercredis du mois.

Aurore et Alice étaient donc arrivées devant le pont de corde après avoir franchi une chaîne de montagnes, traversé les Mauvaises Terres marécageuses et évité une partie de chasse à l'oie. Mais cette passerelle au-dessus du ravin était de loin l'épreuve la plus effrayante à laquelle elles avaient été confrontées. Lorsqu'elle regardait le fond du précipice, Alice était prise de vertige. Dans sa poche, la flûte chantait toujours, insistant pour qu'elles fassent demi-tour. Aurore ne cessait de regarder craintivement derrière elle, persuadée qu'on les suivait. Il y avait bien un autre moyen de traverser le ravin, en empruntant des milliers de marches abruptes qui descendaient d'un côté et remontaient de l'autre. Mais ce chemin était presque aussi périlleux et beaucoup plus long. Elles ne pouvaient pas se permettre de perdre du temps.

– Viens, dit Aurore. On traverse.

Alice s'avança sur les deux premières planches en se cramponnant à la rampe de corde. Le pont oscilla et elle recula en vitesse sur la terre ferme. Dans sa tête, la flûte criait : « N'y va pas ! N'y va pas ! » Plus elles approchaient du Pays Sans Retour, plus son chant de sirène se faisait insistant. Alice essaya de le chasser de son esprit. Elle s'engagea de nouveau sur le pont, mais recula encore. La voix dans sa tête susurra : « Si c'est effrayant maintenant, imagine ce que ce sera au milieu du pont, quand il se balancera ! » Comme pour souligner ces paroles, un violent coup de vent secoua la passerelle. Sur le visage en sueur de sa sœur, Aurore vit alors une expression qu'elle ne lui connaissait pas. Alice était terrifiée. Cette découverte décupla sa propre peur, car elle avait toujours été persuadée qu'Alice n'avait peur de rien.

– Tu es effrayée, chuchota-t-elle.

– Pas du tout ! se défendit Alice d'un ton indigné, mais ses yeux racontaient une autre histoire.

Aurore parcourut du regard le sentier en zigzag par lequel elles étaient montées. Tout en bas, elle aperçut deux points qui se déplaçaient sur le chemin, à quelque distance l'un de l'autre. Elles étaient bel et bien suivies.

– Il faut qu'on traverse, dit-elle d'un ton pressant.

– C'est facile pour toi, rétorqua Alice, agacée. Tu es déjà morte. Si tu tombes dans le ravin, ça ne changera rien.

Dès qu'elle eut prononcé ces mots, elle les regretta. Hélas, elle ne pouvait les retirer. Une expression blessée passa dans les yeux d'Aurore.

– Très bien, dit-elle. Donne-moi la flûte. Reste ici et je la porterai.

Alice la dévisagea fixement, sous le choc. La soudaine métamorphose d'Aurore réussit à étouffer les clameurs de la flûte dans sa tête. Jusqu'alors, sa sœur s'en était toujours remise à elle pour les actes périlleux. Il était admis dans la famille qu'Aurore était la jolie fille dotée de sens pratique, Nico la plus intelligente et Alice la plus courageuse. Mais qui sait ? Le fait d'être restée un certain temps seule dans la forêt avait peut-être donné du courage à Aurore... Or, si elle se mettait à être courageuse, que resterait-il à Alice ? Quelle serait désormais sa place dans la famille ? Elle ne serait plus que la fille du milieu, coincée entre l'aînée, Aurore, et le bébé, Nico. La rage lui brûla le ventre comme un charbon ardent. Elle était descendue dans le monde souterrain pour sauver Aurore et leur permettre de vivre en paix au manoir Eden en se débarrassant pour toujours de la flûte, et à présent sa sœur la critiquait ? La fillette était furieuse.

– Non, je n'ai pas peur, dit-elle. Je vais traverser. Maintenant.

Elle haussa les épaules.

– Si tu veux venir, c'est bien. Mais je me moque que tu viennes ou pas.

Elle mit le pied sur le pont, qui tangua dangereusement. Elle se cramponna aux rampes, les doigts crispés sur les cordes, et fit un autre pas. Son estomac se révulsait, mais elle se força à avancer très lentement.

Elle était presque au milieu du pont, quand elle regarda derrière elle. Aurore, restée sur la terre ferme, fixait ses pieds comme pour les persuader d'avancer. Alors, Alice aperçut une silhouette bien connue sur le chemin et retint un cri d'horreur. Le docteur Sauvage était sur le point de rejoindre Aurore ! Malgré la distance qui les séparait, elle sentait ses yeux froids la transpercer ; elle distinguait le rictus cruel qui retroussait ses lèvres. Elle voulut hurler un avertissement à sa sœur, mais elle n'émit qu'un misérable couinement. Ses jambes se dérobèrent et elle tomba à genoux. Il ne lui était pas venu à l'esprit que le docteur Sauvage pouvait encore représenter un danger pour elles. Pourtant, c'était une évidence : elles se trouvaient maintenant dans son monde, le monde des morts. Malade de peur, le cœur tambourinant dans la poitrine, Alice comprit qu'elle devait agir sur-le-champ pour sauver Aurore. Elle se releva et rebroussa chemin.

Aurore leva les yeux et s'étonna de voir revenir Alice. Puis elle se retourna et découvrit le docteur Sauvage. Son corps tout entier fut pris de tremblements, mais son cerveau se mit à fonctionner à plein régime. Si Alice revenait l'aider, elle allait se précipiter dans les griffes du docteur Sauvage. Et si elle continuait d'avancer aussi lentement, leur ennemi atteindrait la passerelle avant qu'Alice soit revenue de ce côté. Il n'aurait qu'à couper les cordes et le pont tomberait, expédiant la fillette dans le ravin. Alors, il lui suffirait de descendre les marches pour prendre la flûte sur le corps d'Alice. Aurore comprit qu'elle devait agir sans perdre une seconde.

La seule chose à faire était de rejoindre Alice et de la persuader de traverser le précipice à toute vitesse. En se dépêchant, elles parviendraient peut-être de l'autre côté avant que le docteur Sauvage n'atteigne ce bord-ci du ravin. Alors, elles pourraient couper elles-mêmes la corde pour l'empêcher d'utiliser le pont. Leur ennemi ne les rattraperait jamais s'il devait emprunter l'escalier.

Aurore mit un pied sur la passerelle, qui oscilla horriblement. S'efforçant de ne pas regarder en bas, elle fit plusieurs tout petits pas. Avec elles deux dessus, le pont se balançait plus violemment que jamais. Soudain, Aurore se rappela les paroles d'Alice, qui l'avaient blessée sur le moment : elle était déjà morte. Elle n'avait rien à craindre, à part la peur. Au lieu d'avancer le pied avec précaution, elle fit une grande enjambée. Le pont tangua comme un bateau sur une mer déchaînée, mais elle ne s'en soucia pas. Se tenant toujours aux rampes, elle se mit à courir. La passerelle fut parcourue de violentes secousses. Alice, terrifiée, le visage couvert de sueur, fut saisie de stupeur en voyant sa sœur courir aussi agilement sur ce pont de malheur que dans l'allée du manoir Eden. Puis sa surprise fit place à la terreur quand elle vit la sinistre figure du docteur Sauvage arriver à l'extrémité du pont et sortir un couteau pour trancher les cordes. Aurore la prit par la main et la tira en avant. Elles n'étaient plus qu'à quelques mètres de la terre ferme.

À l'autre bout de la passerelle, le docteur Sauvage s'efforçait de scier les cordes usées qui la maintenaient en place. Il était d'une humeur massacrante, et ses vêtements étaient couverts de plumes d'oie. Les deux filles allaient bientôt atteindre l'autre côté, et le pont tanguait dangereusement. À présent, il ne tenait plus que par quelques brins de corde. Encore quelques coups de couteau et il s'effondrerait. Le docteur Sauvage changea sa lame de place, s'apprêtant à porter le coup fatal, quand une voix de femme aussi douce que du miel sur des toasts beurrés l'appela doucement par son nom.

– Jean-Loup ! Jean-Loup Sauvage ! Ou préférez-vous « docteur Sauvage » ?

L'homme pirouetta et se retrouva face à une très belle femme aux yeux d'un violet candide et pénétrant. Sur sa bouche ravissante flottait un sourire amusé.

– Léa Eden ! dit-il, dissimulant mal sa frayeur. J'aurais reconnu votre voix entre toutes.

Un rire fruité emplit l'air, aussi cristallin qu'une cascade de diamants. Puis la voix délicieuse reprit d'un ton suave :

– Laissez mes enfants tranquilles. Si vous faites du mal à Alice ou Aurore, vous le regretterez. Je vous connais, Jean-Loup. Je sais comment fonctionne votre esprit pervers, et si vous blessez l'une ou l'autre de mes filles, je vous le ferai payer.

– Est-ce une menace ? demanda le docteur Sauvage.

– Non, répondit la voix douce. C'est une promesse.

– Vous ne me faites pas peur. Vous êtes morte.

Léa rit de nouveau.

– Vous aussi, et ça ne m'empêche pas de vous effrayer. Vous devriez voir votre visage. Vous êtes aussi blanc qu'un linge.

Le docteur Sauvage ne put supporter ce rire argentin.

– Léa Eden ! gronda-t-il. Rien ni personne ne m'empêchera de me venger d'Alice. Elle est responsable de ma mort et elle en paiera le prix.

Avec un petit sourire sinistre, il ajouta :

– Toute votre famille le paiera : les vivants et les morts.

Ses yeux glacés brillèrent intensément. Il se pencha vers la jeune femme et dit d'une voix sifflante :

– Ne me sous-estimez pas, Léa ! Je serai impitoyable. Je ne m'arrêterai pas avant d'avoir détruit tout ce qui vous est cher et récupéré la flûte.

– Dans ce cas, il va falloir vous dépêcher, dit Léa, une pointe de frayeur perçant dans sa voix amusée.

Le docteur Sauvage regarda de l'autre côté du ravin : les deux sœurs avaient atteint l'extrémité du pont et s'engouffraient dans un tunnel.

– Vous avez fait ça pour me retarder ! cria-t-il.

Il considéra le pont avec hésitation. Il n'était pas sûr qu'il tienne sous son poids, mais il fallait essayer : s'il traversait par les escaliers, il ne rattraperait jamais les sœurs Eden. Il devait intercepter Alice avant qu'elle ne condamne la flûte à l'éternité. Sa décision prise, il mit le pied sur la passerelle, qui oscilla à nouveau.

– Allez-y franchement, lui conseilla Léa.

Le docteur Sauvage fit un autre pas et commit l'erreur de regarder en bas : très, très loin au-dessous de lui, dans le fond du ravin, une rivière coulait comme un mince fil d'argent. Il fut pris d'un terrible vertige, mais, ne songeant qu'à la flûte, il se mit à quatre pattes et entama la longue traversée, le rire de Léa résonnant toujours dans ses oreilles.

Cimetière des Sans-Amour

Alice et Aurore cheminaient dans un tunnel obscur, blotties l'une contre l'autre. Elles distinguaient à peine les parois et ne cessaient de jeter des coups d'œil craintifs derrière elles, s'attendant à chaque instant à voir surgir le docteur Sauvage. Une fois, Alice crut entendre un bruit de pas. Les jambes en coton, prise de sueurs froides, elle se mit à courir en entraînant sa sœur. Elle était consciente que le pont n'arrêterait pas longtemps le docteur Sauvage. Il voulait la flûte et les pourchasserait inlassablement, comme un chat traque une souris. Parvenues à une bifurcation, les deux filles prirent au hasard la voie de droite. Elles avaient à peine parcouru cinquante mètres, quand elles se retrouvèrent devant un nouveau choix. Cette fois, elles empruntèrent le chemin de gauche, qui déboucha quelques secondes plus tard sur une nouvelle intersection. Alice étudia attentivement la carte, traçant du doigt la route qu'elles venaient de suivre. Elle s'efforçait de mémoriser leur itinéraire, afin de pouvoir revenir sans difficulté.

– Tu veux que je t'aide ? demanda Aurore en voyant son visage crispé par la concentration.

– Je m'en sors très bien toute seule, la rabroua Alice.

Cependant, chaque fois qu'elles arrivaient à une fourche, la flûte lui suggérait une direction, et elle devait rassembler toute sa force de caractère pour l'ignorer. La lenteur de leur progression l'inquiétait. À ce rythme, elles ne seraient jamais de retour à la station de métro avant minuit. Elle pressa le pas, tourna une nouvelle fois à droite et aperçut au loin un petit point lumineux.

La lumière était celle d'un réverbère, qui éclairait une petite rue pavée. La ruelle semblait déserte, mais elle était envahie par un brouillard si dense qu'on n'aurait pu distinguer une personne tapie dans une embrasure de porte.

– Par où va-t-on ? chuchota Aurore.

Alice étudia la carte.

– Nous ne sommes plus très loin..., répondit-elle.

Elle entraîna sa sœur dans une autre rue étroite qui débouchait sur un petit square. Ce dernier donnait sur un parc inquiétant, au fond duquel se trouvait un cimetière également recouvert de brouillard.

– C'est là-bas, dit Alice en indiquant un grand manoir délabré derrière le cimetière.

Le brouillard entourait de ses volutes l'imposante bâtisse, lui donnant l'apparence d'une illusion de foire. Bien qu'elle parût trop décrépite pour être hantée, Aurore hésita. Alice la prit par la main.

– Je ne peux pas faire ça sans toi, Aurore, chuchota-t-elle d'un ton bougon.

Aurore sourit, comprenant que sa sœur essayait de s'excuser.

– Moi non plus, Alice, je ne pourrais rien faire sans toi, répondit-elle.

– Ensemble. Pour toujours et à jamais.

– Pour toujours et à jamais.

Elles étaient tout près du but, à présent. Alice regarda derrière elle dans le brouillard, se préparant à voir le sourire odieux du docteur Sauvage. Mais rien de monstrueux ne sortit de l'ombre. Main dans la main, les deux sœurs franchirent le petit portail en bois du cimetière, sur lequel une pancarte passée disait : *Cimetière des Sans-Amour : le dernier refuge sans repos des Sans-Cœur*. Les tombes étaient d'une tristesse infinie, les stèles inclinées les unes vers les autres comme pour se consoler mutuellement. Les inscriptions gravées dans la pierre étaient effacées, indéchiffrables, à croire que quelqu'un voulait gommer tout souvenir. Des mauvaises herbes poussaient entre les tombes, par-dessus et autour d'elles. C'était un lieu sinistre et désolé, rendu plus lugubre encore par le brouillard épais et un sol marécageux.

– Attention ! dit Alice, qui venait de s'enfoncer jusqu'aux chevilles dans la boue.

Autour d'elles, la terre gargouillait et bouillonnait. On aurait dit que quelque chose ou quelqu'un se déplaçait au-dessous, animé de mauvaises intentions.

– On devrait peut-être marcher sur les pierres tombales, suggéra Alice.

– Ce serait impoli, protesta Aurore.

Toutefois, après quelques foulées assez désagréables dans la boue, elle se rendit à l'avis de sa sœur. Alice grimpa la première sur une tombe et sauta agilement d'une pierre à l'autre. Aurore, plus lente, se laissa bientôt distancer.

– Dépêche-toi ! lui cria Alice.

Elle bondit sur une pierre particulièrement abîmée, qui devait être dans le cimetière depuis des siècles, et s'arrêta un moment pour attendre Aurore. Soudain, elle sentit la pierre se fendre sous elle. Deux mains en jaillirent, lui saisirent les jambes et se mirent à la tirer vers la terre. Elle hurla. Aurore, effrayée, perdit l'équilibre et tomba dans la gadoue.

– Je te tiens, Alice Eden ! cria la voix familière de Belladonna.

La sorcière sortit de la tombe, et son visage de cadavre se tordit en un horrible rictus.

Elle se pencha sur la fillette et tenta de l'enterrer dans le sol meuble. Alice était si choquée qu'elle fut longue à réagir. Lorsqu'elle eut recouvré ses esprits, elle se débattit de toutes ses forces. Hélas, la sorcière avait l'avantage et Alice sentit la terre humide engloutir progressivement son corps.

– Alice ! cria Aurore. La flûte ! Sers-toi de la flûte ! Elle est de nouveau à toi, maintenant !

Alice ne comprit pas immédiatement ce que sa sœur voulait dire. La flûte ne pouvait lui être d'aucun secours ; elle appartenait à Belladonna et n'obéissait qu'à sa propriétaire. Puis la lumière se fit dans son esprit. En dépit des apparences, Belladonna était morte ! Et si elle était morte, la flûte lui revenait à elle, Alice. C'était sûrement ce que l'instrument tentait de lui dire depuis tout ce temps ! Elle fouilla frénétiquement dans sa poche, trouva la flûte, la porta à ses lèvres et souffla au moment précis où Belladonna lui enfonçait la tête dans la terre. La dernière chose que la fillette entendit fut la mélodie de la flûte, un son tremblotant et surnaturel. C'était à la fois la musique la plus belle et la plus terrible qu'elle ait jamais entendue.

Elle revint à elle alors qu'Aurore lui tapotait les joues.

– Que s'est-il passé ? demanda-t-elle.

– La flûte t'a sauvée. La terre t'a recrachée et a englouti Belladonna.

Avec un frisson, Aurore ajouta :

– C'était horrible, mais je pense qu'elle ne nous causera plus d'ennuis, désormais.

– Et la flûte ?

– Tu l'as laissée tomber, dit Aurore.

Elle la lui remit dans la main.

– Elle t'appartient de nouveau, maintenant.

Alice fit rouler l'instrument dans sa main. Il paraissait assez puissant pour contrôler l'univers.

– On devrait peut-être rentrer à la maison et rapporter la flûte avec nous, dit-elle. Elle nous serait bien utile : on n'aurait plus jamais de soucis d'argent, on pourrait faire faire aux gens tout ce qu'on voudrait...

Une ombre de déception passa sur le visage d'Aurore.

– Si c'est ce que tu souhaites, Alice..., dit-elle d'une voix tendue. Si tu penses que c'est la chose à faire...

Alice lutta pour résister à la chanson enjôleuse de la flûte. Alors qu'une véritable bataille se déroulait dans sa tête, elle aperçut du coin de l'œil le docteur Sauvage. Leur ennemi émergeait du brouillard à l'entrée du cimetière.

– Non ! déclara-t-elle en se levant. Je ne pense pas que ce soit la chose à faire.

Elle montra le docteur Sauvage.

– Ce serait une erreur à cause de lui. De lui, de Belladonna et de tous les gens cupides dans le monde. Ces gens-là feraient n'importe quoi pour s'emparer de la flûte et, s'ils l'avaient, ils s'en serviraient pour faire le mal. Si je ne m'en débarrasse pas pour toujours, nous ne serons jamais en sécurité. Viens.

Les deux sœurs reprirent leur progression dans le cimetière désolé. Juste avant de le quitter, Alice se retourna et vit, au milieu d'un tourbillon de brouillard, le docteur Sauvage poser les pieds sur les premières tombes.

31

La boîte de Pandore

Les deux sœurs se tenaient devant le vieux manoir délabré. Sur la porte, une pancarte annonçait : *Quartier général du Pays Sans Retour. Tous les visiteurs doivent se présenter au salon*. Elles pénétrèrent dans le vestibule, où une voix fatiguée leur commanda :

– Par ici !

Elles poussèrent une porte et entrèrent dans une vaste salle de bal, dont le haut plafond voûté était décoré de nuages. La pièce était pleine de bouteilles de vin vides. À une extrémité, près d'une horloge, était assise une vieille femme. Son visage, qui avait dû être beau jadis, était ravagé par l'alcool et le désespoir. Un grand parapluie la protégeait de la pluie qui tombait des nuages peints, et elle serrait dans ses mains noueuses une petite boîte ornée de pierres précieuses en marmonnant pour elle-même :

– Pauvre, pauvre Pandore…

Elle releva la tête à l'approche des deux sœurs.

– Enfin ! J'espérais que vous viendriez, dit-elle doucement, avec un sourire qui avait la chaleur de l'or bruni. J'attends depuis des siècles de pouvoir remettre la flûte dans ma boîte, où elle sera en sécurité et ne causera plus aucun mal.

Elle eut un rire amer.

– Une chose de moins dont on m'accusera. Une chose de moins à regretter.

Son soupir emplit l'air d'un mélange aigre de vin et de déception.

– J'ai souvent pensé que cette flûte allait me revenir, mais je me suis toujours trompée. Son pouvoir de corruption est trop grand. Votre mère a essayé de la rapporter, sans succès. Et enfin, Alice Eden, tu y es parvenue. Puis-je la voir ?

Alice lui tendit l'instrument qui lui brûlait la main et lui criait de faire demi-tour, de quitter la salle de bal. Un instant, la fillette hésita. Elle prit une grande inspiration et tenta de se concentrer. La flûte chantait, insidieuse, et sa voix était pour Alice comme une terrible démangeaison à laquelle elle voulait résister. Elle devait absolument s'en débarrasser, sans quoi elle deviendrait folle. Pandore lut la détermination sur son visage.

– Je ne te remercierai jamais assez, ma chère petite. Des années durant, j'ai essayé de récupérer les choses qui se sont échappées de ma boîte, sans grand résultat : très peu me sont revenues après avoir été lâchées dans le monde. De toutes ces choses, cependant, c'est la flûte que j'ai le plus regrettée. Elle a fait un mal incommensurable. Elle a déclenché des guerres et des famines. Elle a causé la mort de millions de gens et en a réduit plus encore en esclavage. C'est une abomination. Je serai soulagée quand elle sera en sûreté dans ma boîte.

Elle indiqua le coffret :

– Si je l'entrouvre, la glisseras-tu à l'intérieur pour moi ?

Alice hésita. La flûte hurlait dans sa tête, lui disant qu'elle serait folle de renoncer à un tel pouvoir, et son corps tout entier vibrait d'une ambition nouvelle. Elle, Alice Eden, pourrait dominer le monde ! Elle pourrait devenir invincible !

– Alice ?

Les yeux de la vieille femme étaient suppliants et une pointe d'anxiété filtrait dans sa voix. Soudain, la porte de la salle de bal s'ouvrit brusquement et le docteur Sauvage entra.

– Alice Eden, n'écoute pas cette vieille mégère ! lui lança-t-il. Si tu remets la flûte dans la boîte de Pandore, elle sera perdue pour le monde à tout jamais. Ce serait terrible. Pense au pouvoir que tu aurais en la gardant.

Ses yeux brillaient fiévreusement, sa cicatrice était livide.

– Ignore-le, conseilla Aurore à sa sœur, d'un ton pressant.

Mais Alice ne pouvait plus rester sourde au chant de sirène de la flûte. Il lui embrouillait l'esprit. Elle ouvrait la bouche pour dire qu'elle gardait l'instrument, finalement, quand une rafale de vent s'engouffra dans la pièce et fit trembler les fenêtres. Une voix familière s'éleva :

– Alice, ma fougueuse. La plus forte de toutes.

Alice et Aurore pirouettèrent et regardèrent fixement Léa, qui s'avançait vers elles. Aurore poussa un gros soupir et Alice réprima un sanglot. Léa attira son aînée contre elle et, les yeux brillants de larmes, lui dit tendrement :

– Ma chérie, tu es de plus en plus belle ! Et tu t'es occupée de ma petite Nico. Je te remercie.

Elle serra très fort la main d'Aurore, puis elle prit Alice dans ses bras.

– La flûte est le dernier cadeau que je t'aie fait avant de mourir, Alice, murmura-t-elle. Un cadeau très spécial. Je te l'ai léguée parce que je savais que tu ne trahirais pas ma confiance. J'ai entendu moi-même la musique de la flûte, Alice. Je sais combien il est dur de lui résister. Mais je te l'ai donnée, parce que je te savais capable de faire ce qui doit être fait. Et j'étais sûre que tu le ferais. Aucune tâche importante n'est jamais facile, mais je suis certaine que tu en as la force.

Leurs regards se croisèrent. Alice tendit une main tremblante et effleura le visage de sa mère.

– Viens avec nous, lui chuchota-t-elle. Reviens avec nous dans l'autre monde. J'ai tellement besoin de toi.

Une ombre de regret passa sur le visage de Léa.

– Je ne peux pas, Alice, je suis dans le monde souterrain depuis trop longtemps.

Elle se tourna vers Aurore et lui prit doucement la main.

– J'ai appris que tu étais ici, ma chérie. Mais contrairement à moi, tu n'y as pas ta place. Tu as toute ta vie devant toi. Tu dois rentrer avec Alice et épouser Kit. Et, s'il te plaît, assure-toi que Roger pense à s'alimenter correctement : il est si distrait.

Elle soupira et une larme roula sur sa joue.

– Il me manque tant. Vous me manquez tous, mes amours.

– Mais papa doit être ici, puisqu'il est mort, observa Aurore.

Léa secoua la tête.

– Non, votre père n'est pas là, j'en suis certaine.

Alice et Aurore se regardèrent, stupéfaites.

– Mais alors, dit lentement Aurore, où est-il ?

Elle saisit le bras d'Alice.

– Si Belladonna a menti à propos de la mort de papa, elle a peut-être menti aussi sur leur mariage.

– Bien sûr, ma chérie ! déclara Léa en riant. Votre père ne se serait jamais remarié sans me le dire. Il me raconte tout, comme toi, Alice, quand nous avons nos petites conversations sur ma tombe.

Alice eut un grand sourire, et l'horloge sonna vingt-deux heures.

– Vous devriez vous dépêcher, reprit Léa, qui surveillait le docteur Sauvage du coin de l'œil.

L'homme tournait autour de la petite famille comme un oiseau de proie prêt à fondre sur sa victime.

– Si vous n'arrivez pas aux portes avant minuit, leur rappela-t-elle, vous ne pourrez plus rentrer.

Elle se tourna vers Alice. La flûte augmenta aussitôt le volume de sa mélodie pour étouffer les mots de Léa.

– Tu perds un temps précieux, Alice. Mets la flûte dans la boîte. Si tu ne le fais pas pour toi-même, fais-le pour moi.

Alice était déchirée. La musique de la flûte, dans sa tête, était ce qu'elle avait entendu de plus beau, de toute sa vie ; mais la voix et la présence de Léa la troublaient aussi. Elle pensa au manoir Eden et à ce qu'elle éprouvait lorsqu'elle allait sur la tombe de sa mère et serrait le bouleau argenté dans ses bras. Soudain, son esprit s'éclaircit et la voix insistante de la flûte fut noyée sous une vague d'amour : celui qu'elle portait à sa maman, et celui que sa maman lui portait.

– Je vais le faire, dit-elle. Mais avant, tu dois me promettre de revenir avec nous.

Léa regarda Pandore :

– Est-ce possible ?

– Il n'y a pas eu de précédent et je doute que ce soit faisable, mais qui sait… L'espoir est puissant. Je vous aiderai de mon mieux.

– Je te promets que j'essaierai de rentrer avec vous, dit Léa en souriant tristement à Alice. Mais nous risquons d'échouer.

– N'écoute pas ta mère, Alice ! Écoute-moi et écoute la flûte ! intervint le docteur Sauvage. Pense à la richesse et au pouvoir que tu pourrais avoir. Tu pourrais gouverner le monde.

Cette fois, Alice resta sourde à ses paroles et aux murmures insistants de la flûte. Elle ne voulait pas gouverner le monde ; elle voulait se retrouver chez elle, au manoir Eden, entourée de sa famille. Elle se tourna vers Pandore et tendit la main vers la boîte. Pandore l'entrouvrit à peine et toute la pièce s'emplit d'une lumière verte pailletée d'or. Un grondement s'éleva, tel un ouragan. Alice desserra les doigts et le docteur Sauvage cria :

– Non !

Il bondit sur elle. La flûte resta un instant suspendue en l'air, scintillant comme une lame de rasoir éclairée par le soleil. La main du docteur Sauvage l'effleura tandis qu'elle tombait dans les profondeurs infinies de la boîte. Il y eut une forte explosion et l'homme fut projeté en arrière, comme frappé par la foudre. Pandore baissa les yeux sur lui.

– Quel imprudent ! Il se remettra, mais il lui faudra au moins vingt minutes pour revenir à lui.

Le docteur Sauvage grogna et frissonna sur le sol comme s'il faisait un terrible cauchemar.

– Il affronte son passé, expliqua Pandore.

– Je plains son passé, dit Alice en se jetant dans les bras de sa mère.

– Ne tardez pas, leur recommanda Pandore en donnant à Aurore et Léa deux tickets pour le train. Vous avez tout juste le temps, et quand le docteur Sauvage se réveillera, j'imagine qu'il essaiera de vous rattraper.

Elle se pencha vers Alice.

– Surtout, ne regarde pas en arrière. Garde les yeux fixés sur la route devant toi. Dans la dernière montée vers l'autre monde, tu devras passer la première, Alice. Si tu te retournes et si tu vois le visage de ta mère ou de ta sœur, tu les perdras.

Elle sourit à la fillette et lui fit signe d'approcher. Alors, elle entrouvrit la boîte et glissa la main dedans. De nouveau, la pièce s'emplit de cette lumière surnaturelle, vert et or. Puis Pandore retira vivement sa main, comme si quelque chose avait voulu la mordre, et referma brusquement la boîte dans laquelle plusieurs choses semblaient lutter pour sortir.

– Tends-moi ta main, ordonna-t-elle à Alice.

La fillette obéit, et elle déposa dans sa paume une perle minuscule et parfaite.

– Un cadeau, pour te remercier, dit Pandore.

– Qu'est-ce que c'est ? demanda Alice en contemplant la petite sphère luisante.

– C'est une perle d'espoir.

Pandore prit un air attristé.

– J'aurais aimé te donner une pépite d'or, mais il me reste très peu d'espoir au fond de ma boîte. Emporte tout de même cette perle dans l'autre monde et garde-la avec toi partout où tu iras. Maintenant, sauve-toi. Et surtout, souviens-toi : ne te retourne pas.

Pour toujours et à jamais

L'horloge du square indiquait minuit moins le quart. Le trajet de retour avait été difficile, et elles se seraient perdues dans les tunnels si Aurore n'avait pas pris la précaution de semer des miettes de madeleines à l'aller. Elles avaient renoncé à s'aventurer sur la passerelle, dont les cordes ne tenaient plus qu'à un fil, et avaient descendu les marches d'un côté du ravin pour les remonter de l'autre aussi vite qu'elles avaient pu. Dans les Mauvaises Terres, la chasse à l'oie continuait et elles y avaient échappé de justesse. Elles approchaient à présent de la fin du voyage et le docteur Sauvage n'avait pas reparu. Les derniers employés du monde souterrain se hâtaient de franchir les barrières pour prendre le train et collaient leur ticket les uns après les autres contre la borne de lecture. Les deux derniers disparurent dans le tunnel en direction du quai. L'homme à la barrière sortit une grosse clé et entreprit de fermer les grilles. Alice, Aurore et Léa arrivèrent en courant au moment où il fermait la dernière. Les lumières s'éteignirent. L'homme leva les yeux et les aperçut.

– Trop tard, trop tard ! dit-il en les chassant d'un geste.

– Mais il faut absolument qu'on sorte ! s'écria Alice. C'est une question de vie ou de mort. S'il vous plaît !

Il y avait dans l'intonation de la fillette, dans son visage brillant d'espoir quelque chose qui rappela à l'employé sa propre enfance. Il lui sembla qu'il retrouvait un trésor perdu depuis très longtemps.

– C'est bon, dit-il en souriant.

Il fut surpris de s'entendre ajouter :

– Les règles sont faites pour être transgressées.

L'homme ouvrit le petit portillon sur le côté, habituellement réservé au personnel chargé de lourds bagages, et les fit passer.

– Dépêchez-vous. Vous allez devoir courir pour attraper le train.

Alors qu'elles se ruaient dans le tunnel, elles entendirent le train entrer en grinçant dans la station et les portières s'ouvrir. Celles-ci commencèrent à se refermer à l'instant où elles arrivaient sur le quai. Alice se précipita, glissa un bras dans la fente et poussa de toutes ses forces. Les portes coulissantes se rouvrirent et elle monta dans le wagon, suivie par Aurore et Léa. Puis les portières se refermèrent et le train démarra.

– On a réussi ! s'écria Alice, hors d'haleine. Ouf ! Personne ne peut plus nous attraper, maintenant. Nous n'avons plus qu'à quitter le monde souterrain avant minuit...

Le wagon était désert, à part un homme qui lisait, le visage caché derrière son journal. Le train quitta la station. Alice, Aurore et Léa s'affalèrent sur des sièges. L'homme replia alors son journal, se leva et vint vers elles.

– Quel plaisir de vous revoir toutes ensemble ! dit le docteur Sauvage avec un sourire diabolique. J'ai craint un instant que vous manquiez le dernier train.

Il se tourna vers Alice et ajouta calmement :

– Je trouve le monde souterrain très ennuyeux, Alice. Et si je suis ici, c'est à cause de toi. Tu es responsable de ma mort dans l'incendie de la Maison de Pain d'épice, alors le moins que tu puisses faire est de me dédommager. Tu vas me donner ton ticket de retour, afin que je sorte d'ici. Tu peux moisir ici avec ta mère et ta sœur pour l'éternité. Je suis sûr que vous passerez du bon temps avec votre amie Belladonna. Vous aurez tout le temps de jouer avec elle à des jeux de société.

– N'approchez pas ! le prévint Léa en se plaçant devant ses filles.

Le docteur Sauvage s'avança vers elles, son couteau à la main.

– Je vais te tuer, Alice Eden, déclara-t-il avec une joie non dissimulée, et rien ne me fera plus plaisir.

Joignant le geste à la parole, il se jeta sur la fillette au moment où le train entrait dans la station suivante. Les portières s'ouvrirent et Alice se jeta de côté pour éviter la lame. Suivie de sa mère et de sa sœur, elle sauta du wagon, longea le quai en courant et se rua dans le wagon suivant juste avant que les portières se referment. Le docteur Sauvage, qui s'était baissé pour ramasser son couteau, ne fut pas assez rapide et dut rester dans le wagon de queue. Alice, Aurore et Léa gagnèrent l'avant de leur voiture pour être le plus loin possible de lui et lui tournèrent le dos, afin de ne pas voir son visage grimaçant collé à la vitre qui séparait les wagons. Lorsque le train s'arrêta dans la station suivante, elles sautèrent sur le quai dès l'ouverture des portes et se mirent à courir à perdre haleine, le docteur Sauvage à leurs trousses. « Attention à la fermeture des portes », annonça une voix. Léa et ses filles se glissèrent dans un wagon à la dernière seconde, laissant leur ennemi sur le quai.

– On a réussi ! On l'a semé ! s'écria Alice, triomphante. Il ne peut plus nous rattraper, maintenant. Il n'y a pas d'autre train.

– Ne sois pas trop confiante, soupira Léa. Nous ne sommes pas encore tirées d'affaire. Le docteur Sauvage est un homme obstiné. Il ne reculera devant rien pour t'empêcher de quitter le monde souterrain.

Elle prit une grande inspiration et ajouta :

– Nous descendons à la prochaine station. N'oublie pas, Alice : dès que nous serons descendues du train, tu devras aller vers l'avant. Quoi qu'il advienne, quoi que tu entendes derrière toi, ne te retourne surtout pas. Si tu le fais, tu nous perdras pour toujours, Aurore et moi. Garde les yeux rivés devant toi et continue à monter. Lorsque tu auras atteint la barrière, tu devras attendre qu'Aurore et moi passions devant toi. À ce moment-là seulement, tu pourras la franchir à ton tour, et nous serons de nouveau réunies pour toujours et à jamais.

Peu après, le train entra dans la station et elles quittèrent le wagon en file indienne, Alice suivie par Aurore et Léa. La pendule du quai indiquait minuit moins une.

– Dépêchez-vous ! cria Alice en courant plus vite.

Rassurée d'entendre derrière elle le bruit de course de sa sœur et sa mère, elle se rua dans le long escalator qui menait à la salle des billets. Il descendait, et c'était difficile de monter à contre-courant. Dans son dos, Aurore s'essoufflait. Alice gravissait les marches en courant, priant pour que sa sœur et sa mère se dépêchent. Chemin faisant, elle touchait la petite perle d'espoir que lui avait donnée Pandore. Elle approchait du sommet de l'escalator, quand elle entendit l'horloge du hall commencer à sonner minuit.

Ding ! Le guichetier donna un tour de clé à l'escalator pour l'arrêter et commença à tirer les grilles devant les barrières. Elles étaient lourdes et ne cessaient de se coincer. Ding !

– Vite ! cria Alice quand l'escalator s'arrêta dans un sursaut, la faisant presque tomber à la renverse.

Il fut tout de suite bien plus facile d'avancer. Derrière elle, la fillette entendait toujours un bruit de pieds. Bizarrement, elle avait l'impression qu'ils étaient plus nombreux. Elle lutta contre une envie terrible de regarder en arrière. Elle résista de toutes ses forces. Ding ! fit l'horloge.

– Garde les yeux rivés devant toi ! haleta Aurore, comme si elle lisait dans les pensées de sa sœur.

Alice arriva en haut de l'escalator. Elle franchit les barrières et se glissa dans la petite ouverture entre les grilles. Ding ! Elle aperçut les visages anxieux de Nanette, Kit et Nico. Soudain, tous les trois sourirent et poussèrent des cris de joie. Alice devina qu'ils apercevaient Aurore derrière elle. Elle resta près des grilles, toujours dans le monde souterrain. Aurore plaqua son ticket contre la borne, et les barrières s'ouvrirent. Elle passa en trombe devant Alice et se jeta dans les bras de Kit, Nanette et Nico. Ding !

– Vite, Alice ! cria Nanette. Avance ! Qu'est-ce que tu attends ?

Ding ! Alice hésita. Où était Léa ? Un bruit de pas résonna derrière elle. Brusquement, les sourires de ses compagnons se changèrent en grimaces d'horreur. Nico hurla. Aurore se couvrit le visage de ses mains. Puis la fillette entendit la voix de Léa qui criait de l'escalator :

– Alice ! Alice ! Retourne-toi ! Il faut que tu te retournes ! Vite, ma chérie ! Écoute-moi ! Il m'a pris mon ticket, tu dois regarder en arrière !

Alice hésita.

– Retourne-toi ! lui crièrent les autres.

Elle fit volte-face. Le docteur Sauvage arrivait sur elle, l'air triomphant, le couteau levé pour la frapper dans le dos. Instinctivement, elle tendit les mains et le poussa de toutes ses forces. Il y avait dans ce geste toute la douleur, la jalousie et la solitude qu'elle avait éprouvées depuis le jour où ses sœurs et elle étaient parties si joyeusement pour la fête foraine. Avec un grand cri, le docteur Sauvage tomba en arrière, culbuta dans l'escalator devant Léa qui s'écarta prestement. Ding ! Alice redescendit l'escalator vers sa mère. Elle ramassa le ticket que le docteur Sauvage avait laissé tomber et le tendit à Léa. Celle-ci leva vers sa fille des yeux brillants de larmes et Alice sentit un sanglot monter dans sa gorge. Sa mère lui sourit tristement et secoua la tête.

– C'est inutile, Alice, je ne peux pas venir avec toi. Tu as vu mon visage.

– Tu m'as sauvée, tu t'es sacrifiée pour moi, murmura Alice. Si tu ne m'avais pas crié de me retourner, le docteur Sauvage m'aurait tuée, mais toi, tu aurais encore pu sortir...

Elle tendit la main vers sa mère.

– S'il te plaît, viens avec moi, j'ai besoin de toi.

Léa était de plus en plus difficile à discerner, comme si elle s'effaçait peu à peu. Ding !

– Je ne peux pas, répondit-elle à regret. Mais je serai toujours avec toi. Tant que tu te souviendras de moi, je me souviendrai de toi. Pour toujours et à jamais.

Elle prit le visage d'Alice entre ses mains et posa sur son front un baiser aussi léger qu'un murmure. Elle s'évanouissait rapidement.

– Maintenant, va, ma courageuse, va avant qu'il ne soit trop tard.

Avec réticence, le cœur brisé, Alice se détourna. Le ticket de sa mère glissa de sa main tandis qu'elle gravissait l'escalator. Ding !

– Alice ! cria Léa dans son dos. Les truffes au chocolat ! Apportes-en aussi souvent que tu le peux. J'adore tellement ça...

Alice ne se retourna pas, mais elle sourit et leva le bras.

– Oh ! ajouta Léa, d'une voix de plus en plus faible, et dis à ton père qu'il devrait se remarier. Je veux qu'il soit heureux. Toi aussi, Alice, sois heureuse. Pour toujours et à jamais.

– Pour toujours et à jamais, murmura Alice en montant les dernières marches. Pour toujours et à jamais.

Elle franchit la grille pour se jeter dans les bras de ses sœurs. Ding ! Puis elle se retourna et regarda en arrière. Il ne subsistait plus qu'une faible lueur, comme un sourire qui se dissipait, à l'endroit où s'était tenue Léa. Le guichetier acheva de tirer la grille. Ding ! L'horloge sonna le dernier coup de minuit. L'employé tourna la clé dans la serrure et la glissa dans sa poche.

– C'est l'heure de rentrer à la maison, dit-il.

– Oui, fit Alice en hoquetant, c'est l'heure de rentrer à la maison.

Un flot de douleur la submergeait, un grand déluge d'un chagrin insupportable. Il lui semblait qu'elle venait de perdre sa maman une deuxième fois, et celle-ci était la pire. Les autres le sentirent et ne dirent rien. Ils se contentèrent de l'enlacer et de lui prendre les mains pour les serrer très fort. Ensemble, ils quittèrent la station. Quelques minutes après leur départ, le docteur Sauvage atteignit en rampant le sommet de l'escalator, un ticket dans sa main serrée. Il se redressa devant la grille et la secoua désespérément, exigeant d'une voix coléreuse qu'on le laisse passer. Il continua à hurler jusqu'à ce que les dernières lumières s'éteignent, puis le silence retomba.

Épilogue

– Joyeux anniversaire ! Joyeux anniversaire !

Tout le monde applaudit et poussa des acclamations quand Nico souffla les bougies de la madeleine géante qu'Aurore lui avait confectionnée en guise de gâteau d'anniversaire.

– Je voudrais que ce soit mon anniversaire tous les jours, dit la petite fille en déchirant le papier du cadeau de Nanette – un recueil de contes de Grimm et un livre de mythologie grecque.

– Mais tu vieillirais trop vite ! protesta Aurore.

– Les anniversaires sont bons pour la santé, rétorqua fermement Nico. Les statistiques montrent que les gens qui fêtent le plus d'anniversaires sont ceux qui vivent le plus longtemps.

Aurore rit, puis son visage s'assombrit.

– Tout serait parfait si seulement papa nous donnait des nouvelles pour dire qu'il va bien, remarqua-t-elle.

Nanette et les enfants étaient assis dans la cuisine, le ventre plein de potage aux brocolis et de madeleine. Nico était perchée sur les genoux de Nanette. La malle d'Aurore était posée dans un coin. Le lendemain, la jeune fille devait partir pour un séjour de trois semaines à Quelque Part, où Kit suivait une formation accélérée de roi et apprenait la meilleure façon de traiter les dragons. Nanette avait accepté de rester au manoir Eden pour s'occuper d'Alice et Nico, avant qu'elles rejoignent Aurore la semaine suivante. Kit avait demandé à avoir sa fiancée quelques jours pour lui seul.

– Je serai ravie de vous retrouver, dit Aurore. Je pourrai vous montrer comment j'ai rangé le placard à linge du palais. Leur méthode de rangement est vraiment déplorable, il me faudra des semaines pour tout bien organiser.

Alice sourit, mais ce n'était pas un sourire très heureux. Plus rien ne serait comme avant au manoir Eden.

– Tu as lu la carte de la princesse ? demanda Aurore à Nico, l'héroïne de la fête.

– Oui, répondit la petite fille. Elle dit que les retrouvailles des deux dragons ont été très émouvantes. Ils ont si bon caractère, depuis qu'ils sont réunis, qu'ils sèment le bonheur partout dans la ville. Et ils se sont liés d'amitié avec Poivre et Zeus... Elle raconte aussi qu'elle prend des cours de course automobile. Dès que Kit sera couronné roi, elle envisage de faire le tour du monde toute seule.

– Mon Dieu ! dit Aurore. On aura intérêt à éviter les routes, alors.

Ses sœurs et Nanette rirent. Sur ces entrefaites, on frappa à la porte.

– Qui ça peut être ? fit Alice, surprise.

Elle alla ouvrir. Le fin croissant de la nouvelle lune brillait dans le ciel, mais il n'y avait personne sur le seuil. Puis la fillette entendit un couinement à ses pieds. Elle baissa les yeux et découvrit la petite souris qui s'était échappée du chignon de Belladonna et qui les avait tant aidés par la suite. Le rongeur s'efforçait de tirer une théière qui faisait plusieurs fois sa taille. En y regardant de plus près, Alice s'aperçut que ce n'était pas une théière ordinaire : c'était la Chère Théière familiale.

– Attends, je vais t'aider, dit-elle.

Alors qu'elle se penchait vers la petite créature, un rayon de lune toucha le dos de la souris. Sa fourrure commença à mousser et disparaître, puis elle se mit à grandir de façon surprenante. Elle émit un long couinement, qui devint un cri de joie et un rire sonore. L'instant d'après, le capitaine Eden était debout sur le seuil, riant de bon cœur et serrant contre lui sa théière chérie.

Tout le monde en resta bouche bée.

– Papa ! s'écrièrent les trois sœurs.

Le capitaine Eden tendit la théière à Aurore :

– Je l'ai récupérée chez le prêteur sur gages avant de venir.

Il regarda leurs visages stupéfaits et sourit de toutes ses dents.

– On a tous besoin d'une bonne tasse de thé, non ?

Après plusieurs tasses de thé, de nombreuses étreintes et une tonne d'explications, Nico demanda timidement :

– Papa, maintenant que tu as trouvé le dragon à miel à quatre langues, trois pattes et deux têtes, est-ce que tu vas rester davantage à la maison ?

Le capitaine Eden la souleva dans ses bras.

– Oui, Nico ! répondit-il avec un grand sourire. Ma fortune est faite. Je vais désormais m'occuper d'arranger un peu cette maison. Je passerai beaucoup plus de temps avec vous et j'espère qu'Aurore m'invitera à lui rendre visite à Quelque Part. C'est un endroit très intéressant.

Alice reconnut soudain l'expression rêveuse que prenait son père quand il projetait une nouvelle expédition. Elle ne fut donc pas surprise du tout lorsqu'il ajouta :

– En fait, pendant que j'étais là-bas, j'ai entendu des rumeurs disant que le dodo n'aurait pas complètement disparu de la surface de la Terre. Quand j'aurai rebâti l'aile ouest, je pense que je pourrai aller voir ce qu'il en est réellement.

Il regarda les restes de la madeleine d'anniversaire.

– Je peux en avoir un peu ?

Aurore lui servit une grosse part de gâteau. Nico tendit la main pour prendre la dernière.

– Hé, Nico Eden, c'est ma part ! protesta Aurore. Tu vas éclater, tu en as déjà mangé quatre tranches !

– Je veux ta part en plus de la mienne, déclara Nico. Sinon, à quoi ça sert d'être l'héroïne du jour ?

– Tu l'auras plus tard, concéda Aurore.

Nico compta jusqu'à dix et tendit la main vers le gâteau :

– Voilà, on est plus tard.

– Non, encore plus tard ! dit Aurore.

Nico poussa un gros soupir. Sa sœur montrait tous les symptômes du passage à l'âge adulte – le premier étant de lui imposer de remettre à plus tard une chose qu'elle brûlait de faire tout de suite. Boudeuse, elle prit son livre de mythologie grecque et se plongea dans l'histoire d'Orphée et Eurydice.

Alice lorgna vers son père et Nanette qui discutaient tranquillement près du feu. Quelque chose dans les regards qu'ils échangeaient lui mit la puce à l'oreille et elle songea que le mariage d'Aurore et de Kit ne serait peut-être pas le seul de l'année, dans la famille. Moins perspicace que sa sœur cadette, Aurore prit son tricot et posa un regard satisfait sur ce spectacle serein.

– À l'avenir, il y aura des jours et des jours de tranquillité comme celui-ci, murmura-t-elle pour elle-même, comblée.

Sans rien dire, Alice s'éclipsa de la cuisine et traversa le parc jusqu'au cimetière. Elle s'agenouilla devant la tombe de sa mère et enlaça le bouleau.

– Je t'aime, maman. Tu me manques, chuchota-t-elle.

Le vent fit bruisser les feuilles de l'arbre.

– Tout change, poursuivit-elle, et ça ne me plaît pas. Je voudrais pouvoir garder la vie telle qu'elle est aujourd'hui.

Le vent soupira.

– J'ai l'impression d'avoir déjà laissé tant de choses derrière moi, et je ne cesse de perdre des gens en chemin. Toi d'abord, et maintenant Aurore. Même Nico grandit. Bientôt, elle ne sera plus un bébé. Je me demande si je n'ai pas vécu le meilleur de ma vie.

La fillette entendit soudain des pas crisser dans la neige. Elle leva les yeux et vit son père debout à côté d'elle. Elle se sentit soudain plus effarouchée qu'une souris dans une pension pour chats. Il s'assit près d'elle et resta silencieux un moment, avant de lâcher :

– J'aime bien venir ici.

Alice sourit.

– Oui. Maman m'a dit que tu venais souvent.

– Chaque fois que je peux. C'est si paisible.

Il sourit à son tour.

– J'admire la façon dont tu t'occupes de la tombe de Léa, Alice. Veux-tu que je te dise un secret ? Quelquefois, je lui apporte des truffes au chocolat, moi aussi.

Alice éclata de rire, puis le silence retomba, les enveloppant comme un chaud manteau.

– Ta maman me manque énormément, Alice, avoua finalement son père. Mais je pense qu'elle te manque encore plus.

– Est-ce que tu vas épouser Nanette ? lui demanda-t-elle abruptement.

Roger Eden regarda sa fille, surpris.

– Je ne sais pas, Alice. Je ne sais pas non plus si elle voudrait de moi. En tout cas, je ne le lui demanderai pas tout de suite. Pas avant longtemps.

Pensif, il ajouta :

– Serais-tu contrariée qu'on se marie ?

Alice ouvrit la bouche pour dire oui, mais elle s'arrêta avant et réfléchit. Elle pensa à la douce étreinte de Nanette et à son parfum : un mélange d'ananas caramélisé et de giroflées, qui ressemblait tellement à celui de Léa. Puis elle pensa au message que cette dernière lui avait confié pour son père.

– Peut-être pas, marmonna-t-elle. Mais je n'aime pas les changements, et en ce moment tout change. Je voudrais que tout reste pareil.

– Les choses peuvent changer en mieux, pas simplement en pire, observa le capitaine Eden.

Après un autre long silence, il reprit :

– J'espère que j'ai changé, Alice. Je n'ai jamais été un bon père et, quand ta maman est morte, le chagrin m'a rendu encore plus négligent avec mes trois filles. Je suis désolé. J'aimerais mieux vous connaître, toutes les trois.

– Mais Aurore va partir, elle vivra bientôt à Quelque Part avec Kit. Elle va devenir reine et s'occuper des placards à linge du royaume.

– C'est vrai, mais cela ne se produira pas avant quelque temps. Aurore et Kit ne vont pas se marier tout de suite et même après, nous pourrons nous rendre visite. Nous serons souvent tous ensemble.

– Ça ne sera pas la même chose ! s'emporta Alice.

– Non, admit son père, mais crois-moi, le changement a parfois du bon. Tu ne peux pas savoir à l'avance si tu aimeras ou pas quelque chose de nouveau.

Il lui prit affectueusement la main avant d'ajouter :

– Écoute. J'ai un projet dont j'ai très envie de te parler. J'envisage de rester ici plusieurs mois et de passer du temps avec vous, mais à la longue je devrai repartir pour une autre expédition et je me demandais si tu voudrais venir avec moi. Je ne serais pas fâché d'avoir de la compagnie, quelqu'un qui ouvrirait l'œil et m'éviterait d'être de nouveau changé en souris.

– Moi ? s'étrangla Alice. Partir avec toi en expédition ? Juste nous deux ?

– Pourquoi pas ? Nous ferions une bonne équipe. Tu es courageuse, pleine de ressources et d'énergie. Tu l'as prouvé, Alice.

– Et Nico ?

– Nico est trop petite. En outre, elle n'a pas ton courage de lion. Elle pourra rester avec Aurore. Tes sœurs ne sont pas vraiment des aventurières, contrairement à toi.

Alice ne dit rien, mais un picotement de plaisir la parcourut, telle une petite décharge électrique. Soudain, elle eut envie de rire, comme si un gaz euphorisant s'était répandu dans l'air ; le monde lui sembla paré de couleurs plus éclatantes. Son père, qui n'avait jamais cru bon de lui consacrer du temps, la trouvait aussi courageuse qu'un lion. Elle avait envie de ronronner.

– Et le manoir Eden ?

– Il sera toujours là à notre retour.

Le capitaine Eden se leva.

– Tu n'es pas obligée de me donner une réponse maintenant. Réfléchis-y. Ça pourrait être une vie différente pour toi : une vie qui te plairait et te permettrait d'exprimer tes talents.

Alice regarda son père retourner à la maison. Peu après son départ, il se remit à neiger à gros flocons. Elle resta assise, seule, et contempla le ciel qui devenait indigo, les étoiles qui commençaient à briller. Elle tourna et retourna la perle d'espoir entre ses doigts et écouta le vent souffler dans les arbres en murmurant son nom. Quand il fit tout à fait nuit, elle étreignit le bouleau argenté qui courbait ses branches sur elle comme pour la caresser. Le ciel était constellé d'étoiles. Quelque part dans le noir, elle crut entendre sa maman lui souffler :

Regarde devant toi. Garde les yeux fixés sur la route. Ne te retourne surtout pas.

Alice sourit, se leva et se dirigea résolument vers l'avenir.

Aurore et Nico l'attendaient anxieusement à la porte de la cuisine. Elle courut vers elles en souriant.

– Ça va, Alice ? lui demandèrent-elles d'une seule voix.

– Oui, répondit-elle, rayonnante. Ça va de mieux en mieux.

Elle les serra dans ses bras.

– Même si nous devons nous séparer de temps en temps, nous serons toujours là les unes pour les autres, n'est-ce pas ?

Aurore et Nico hochèrent la tête avec vigueur et l'enlacèrent à leur tour.

– Nous trois seules. Nous trois ensemble. Pour toujours et à jamais.

Cet ouvrage a été mis en pages
par DV Arts Graphiques à La Rochelle

Imprimé en Espagne par Roses
en janvier 2010